"学习·践行·变革"之校长培训丛书

总主编：肖建彬

如何创建学校特色
若干典型案例评析

RUHE CHUANGJIAN XUEXIAO TESE
RUOGAN DIANXING ANLI PINGXI

闫德明◎著

天津出版传媒集团
天津教育出版社

图书在版编目(CIP)数据

如何创建学校特色——若干典型案例评析/闫德明著.
—天津:天津教育出版社, 2012.7
ISBN 978-7-5309-6790-4

Ⅰ.①如…　Ⅱ.①闫…　Ⅲ.①中小学－学校管理—案例　Ⅳ.①G637

中国版本图书馆 CIP 数据核字(2012)第 133972 号

如何创建学校特色——若干典型案例评析

出 版 人:刘志刚

著 作 人:闫德明
责任编辑:李勃洋

出版发行:天津教育出版社
天津市和平区西康路 35 号
邮政编码:300051
印　　刷:三河市人民印务有限公司
经　　销:全国新华书店
版　　次:2017 年 9 月第 1 版第 2 次印刷
开　　本:710×960mm　1/16
印　　张:11.5
字　　数:141 千字

书　　号:ISBN 978-7-5309-6790-4
定　　价:28.00 元

总序

专业化的核心要素

肖建彬

“‘学习·践行·变革’之校长培训”丛书第一辑由九部组成，分别是闫德明的《如何创建学校特色——若干典型案例评析》、龚孝华的《给校长参加跟岗学习的建议》、王蕙的《有效德育：基于实践的探索》、熊焰的《校本教师专业发展研修手册》、苏鸿的《教师的教育研究》、郭凯的《中小学校安全管理》、吴开华的《中小学热点法律问题研究与典型案例评析》、贾汇亮的《发展性学校教育评价的建构与实施》和周峰的《创建优质学校：理论探索与行动策略》。这些著作实际上是这些专家在自身极为丰富的中小学校长培训实践中积极探索、自主开发、反复实践、多方吸收、不断提炼而形成的。作为课程，这些内容是非常受欢迎的；作为教师，他们的教学也非常受欢迎。我想，作为教材，应该同样也会受到使用者的欢迎。

之所以给丛书起了这么一个“并不美丽，但很实在”的名字，是想传递一种意思：“学习”“践行”和“变革”是非常重要的，希望使用者能经常看到这三个概念，牢牢记住这三个概念，真心接纳这三个概念。因为我觉得，“学习”“践行”和“变革”是专业化的核心所在。

关于专业化的理论非常多，有些理论玄乎到“很哲学”的境界。这对于人们深入学习和探究有关问题是很有帮助的，至少可以告诉人们一个道理：即使是很简单的一个事物，如果细究起来还是有很多学问在里头的。然而，就实践而言，则十分需要一个简约的指引，可以让人把握精髓，付诸行动。基于是，比照各种理论和经验，加之自身实践的体验，愚以为，所谓专业化，说到底就是通过变革现状来提高有效性，而唯一有效的路径就是“学习”和“践行”。

专业化是一个过程，也就是“越来越专业”的意思，具体包括专业水平越来越高强、专业精神越来越饱满、专业活动越来越有效。它只有一个方向，就是越来越好。在专业领域，自己跟自己比，今天比昨天有进步，明天比今天有进步，即不断改变“现状”；包括变革自身，也包括通过变革自身进而变革工作环境和工作绩效，从而进入一个更加理想的状态。所以，作为专业化核心要素的“变革”既是专业化的目的，也是专业化的动机。它为专业化提供不竭动力。没有变革的愿望，就不会启动“专业化”的进程；没有变革的现实，专业就还没有“化”（进化）：一是没有自身变革的现实，就不存在专业化；二是没有工作对象变革的现实，就不存在真正意义上的专业化，即其所谓专业化也就没有表征，因而没有价值。因为专业化是与职业或专业技术工作联系在一起的，自身的变革也就成为变革工作环境和工作绩效的前提条件，所以，专业化应该从变革自身开始，以变革工作对象为终结。

如何实现专业化？曰：一靠学习，二靠践行。这里有两个重要的前提判断。首先，人们必须确认这样一个重要的前提判断，那就是并非所有的学习都能促进专业化，只有“好”的学习才能促进专业化。“好”的学习有三大功效：一是补充没有的，二是更新陈旧的，三是改变错误的。无论哪种结果，都将变革一个人的专业现状，都将使人的专业认知更加广阔、更加正确、更加精准，专业精神更加充实、更加坚定、更加自觉，专业行为更加规范、更加便捷、更加持久。可见，没有学习，是不可能有专业化的。其次，人们必须确认的另一个重要的前提判断，那就是并非“好”的学习就一定能够促进专业化，只有将“好”的学习付诸实践才能促进专业化，这就是“践行”。“践行”通常有三大功效：一是优化认知和情感系统，二是优化操作和行为系统，三是优化专业环境和工作结果。无论哪种结果，都将变革整个专业现状，都将使人及其与之相关的人和事发生越来越好的变化。简单地说，就是解决问题、促进发展。这就是最终意义上的专业化。

基于这样的认识，我认为，专业化是基于人（个体或群体）的一个整体运动，它是围绕“问题”来展开的，其核心要素“学习”“践行”和“变革”在这个整体运动中是紧密关联的、“一体两翼”的关系。因此，任何想推动专业化的培训，包括校长培训和教师培训，都必须研究人，“以人为本”，基于人、为了人、面向人、服务人；都必须立足问题解决；都必须妥善处置“学习”“践行”和“变革”三者的关系。如果仅仅把培训定位于“学习”“学习理论”或“学习最新理论”，那于专业化是没有太多裨益的。

“‘学习·践行·变革’之校长培训”丛书其实就是服务中小学校长专业化的教材。它期待对中小学校长的专业化有所裨益。能否达成这样的愿望，祈请读者诸君评鉴。如有改进高见，请直接与作者联系，也非常欢迎电邮至 xjb@ gdei. edu. cn。您的意见将有助于我们专业化。

为了理想的教育，让我们在教育理想烛照下，一起学习、践行、变革。

目录 Contents

案例索引

专 题 一

为什么（Why to do）？——学校特色的意义与追求

办学有特色，不是某个人的异想天开，不是某一时的做秀造势，而是时代变革的呼唤，是办学规律的体现，是国际教育的趋势。

一、办学有特色是时代变革的呼唤

我们正处在一个大变革、多元化的时代。社会变革与价值取向的多元化，要求学校教育也要重新审视自己生存和发展的策略和路向。社会主义现代化建设和改革开放的现实，要求教育要提供多层次、多规格的人才。因此，那种“千校一貌”、“万生一面”的办学模式，那种忽视学生个性、能力的培养，而把升学当作唯一奋斗目标的学校教育，是与整个社会发展对教育的需要不相适应的。早在1993年，《中国教育改革和发展纲要》就指出：“中小学要由‘应试教育’转向全面提高国民素质的轨道……办出各自的特色。”《国家中长期教育改革和发展规划纲要（2010—2020年）》提出明确要求：

"树立以提高质量为核心的教育发展观，注重教育内涵发展，鼓励学校办出特色、办出水平，出名师，育英才。"可以这样说，学有所长，教有特点，校有特色，这是时代的呼唤，是深化教育改革的必然产物。

随着社会主义市场经济体制的确立，随着改革开放的不断深化，教育的投资体制、办学体制、管理体制以及办学模式也发生了深刻的变革。多种体制办学，多种模式办学，简政放权，扩大学校办学自主权，这是时代的潮流。在这个充满激烈竞争的时代，学校要求得生存和发展就要办得有特色。一个企业有特色，就有经济效益；一项产品有特色，就会有吸引力、竞争力。同样，一所学校有特色，就会赢得更好的生存和发展的空间。特色是衡量一所学校发展水平的重要标尺，也是学校的魅力所在。

【案例1－1】

给孩子一个成功的"支点"①

——上海市闸北八中办学特色观察

20年前，在上海棚户区最为集中的大洋桥，刘京海校长和闸北八中，成为不少家庭的"救星"：一群十几岁起就打架斗殴的"野孩子"，在闸北八中经受"成功教育"而脱胎换骨，最终成为社会有用之才。

20年来，"成功教育"培养了一批又一批人才，点燃了一个又一个家庭的希望，从而引起全国乃至国际教育界的关注，美国马里兰大学一名博士生还以成功教育为研究对象撰写博士论文。

---

① 傅贤伟，李爱铭．新版"成功教育"——来自闸北八中的调查报告［N］．解放日报．2008．11．9

20年后的今天，闸北八中周边的大片棚户开始拆除，学校生源发生了变化，家长对孩子的成功期望更加炽热，成功教育如何回应社会及家长的期盼？又有了哪些新的探索？

一个转校生的故事

成功教育起步时，主要针对缺乏家教、行为失范的“野孩子”，通过行为规范、道德教化、学习兴趣等方面的培养，引领他们走入正途。20年前的父母心态也相对平和，孩子能进大学最好，进中职校，有个工作也不错。

随着竞争日益激烈，如今的家长对孩子成功的期望“水涨船高”。由于每家一个独生子女，进名牌中学、名牌大学、大公司，成为共同的成功路线。在单一成才观左右下，竞争关口一再前移。如今，在家长心目中“学习不好，就是失败”；相当一部分学校也把学生学习成绩作为办学成功的第一甚至唯一标尺。在这样的背景下，刘京海将成功教育的内涵进一步拓展：今天成功教育的核心，就是给孩子一个成功的“支点”，使其学习成绩、人格和情感、态度与价值观同步发展，而不是让他们变成考试机器。

在闸北八中，我们听到了一个转校生的故事。15岁的阳光男孩小李，可以用“郁闷”来描述转学到闸北八中前的状态。因为成绩平平，在班级没有地位，不仅得不到老师表扬，还常挨批评，喜欢运动的天性被严重压抑，来自老师和家长的双重压力，让他感到“日子很难过”，甚至“破罐破摔”，跟家长和学校对着干。听说闸北八中有个成功教育，母亲慕名将儿子转进这所学校。

与其他学校的老师特别注重学生的分数不同，闸北八中的老师相信，学生的成绩要进步，最重要的是培养成功者心态：自信。因为每个孩子都有成功的愿望和潜力，一旦拥有了成功者心态，就可以产生极大的获得自主成功的动力。因此，老师们花了很大的精力“拿着放大镜找孩子的优点”。

小李一进校就在校运动会上获得短跑冠军，成为班级的“英雄”，班主任和各学科老师也刮目相看。“这种被关注、被肯定的感觉，让我信心大增。”闸北八中的学生每人有一本《成功档案》，那里记录着他们每天的点滴进步，每月的进步曲线。重拾自信的小李，成绩平稳上升，目前在班级已排到前十名左右。

小李的故事在闸北八中不断地重演。一些成绩平平甚至落后的学生，在运动场上、美术课上、音乐演出会上，找到了属于自己的成功舞台。他们个个自信满满，充满阳光。

一堂课老师只讲10分钟

在闸北八中采访，看不到大家习以为常的老师“满堂灌”现象，却撞到了一堂课老师只讲10分钟的一幕。

这天，初一（6）班的数学课搬到了电脑室。30多位学生人手一台电脑，跟着“学与教电子平台”学习“分式”。使分式有意义的条件是什么？如何进行分式运算？学生轻点鼠标，老师精心设计的知识点教学层层展开。记者边上的卢小娣，左手翻课本、右手点鼠标，不时地打几个字把空格填上，然后再点击鼠标，核对答案。有疑问，一举手，老师就过来解答。最后10分钟，严琦老师才走上讲台，为学生提纲挈领地梳理当天知识要点。

成功教育的过程被分解成“帮助成功→尝试成功→自主成功”三个阶段，与之配套的是，教学方式也从传统的以老师为中心的“讲—学—练”模式，转为以学生为中心的“学生自学寻找疑难→老师讲解回答→学生思考反刍→课后练习巩固”模式，课堂内外给学生更多的自主学习、自主思考时间，让其尝试自主成功。

新的教学方法实施之初，老师们也有疑问：学习优良的学生多数能自觉学习，那些学习成绩中等，平时课堂上时常开小差的学生，一旦放手让他自学，会不会信马由缰？试验的结果出人意料：不少成绩中等甚至偏下的学生，自学劲头十足。一位女同学悄悄告诉记者，以前老师讲课，碰到听不懂的地方，就偷懒开小差，现在通过自主学习，看到一个又一个陌生的知识点被“消灭”，很有成就感。

除了上述自学辅导式的电子平台外，闸北八中正探索“人机互动”式的电子自学平台，为学生提供更为个性化的学习方案。学生可随时自测学习情况，电脑自动处理错误类型，并从数据库中自动调出相关习题，有针对性地加强薄弱环节的学习。目前在初一试验班试行，效果明显。刘京海希望这一手段能够为大规模地推行学生自学奠定基础。

一个“开枝散叶”的计划

20年来，“成功教育”从闸北八中一个班级、一个年级到一个学校，逐步推广，成效有目共睹。

曾经，闸北八中初中毕业生合格率只有30%，全闸北倒数第一。如今，连续多年，这所学校的中考合格率都在99%，近几年还跻身区内公办学校先进行列。

从“成功教育”被国家教育部列为向全国普教系统重点推广的三项教育科研成果之日起，一个“开枝散叶”的计划正式启动。

1994年，成功教育研究所成立，闸北八中成功教育的经验在闸北区中小学推广。2005年，刘京海和成功教育研究所托管浦东新区东沟中学，将“成功教育”的理念和方法，“嫁接”到农村学校，成功教育在城乡一体的教育改革中大显身手。从东沟中学起步，成功教育研究所已全面托管南汇区、金山区5所农村学校。南汇三灶中学的问卷调查显示，老师们认为教学研究、教学质量、课程管理等方面托管成效已开始显现，学生学业、行为习惯、学习态度等向好态势明显。

教与学的电子平台，成为被托管学校顺利推广“成功教育”方法的载体。近年来，闸北八中集全体教师之力，将初中三年的数学、英语等学科编写成规范化教与学电子平台。课前练习、新课探索、课内练习、本课小结、作业……环环相扣。多名优秀教师的经验模式，变成普通教师拿来就用的家常课。在这个电子平台的帮助下，农村教师原本随意的课堂教学流程，实现了规范化、精致化。“讲—想—练”等推进学生尝试成功的课堂模式，被凝练为电子课件的具体环节，成为拿来就用的“工具”。

20 年来，“成功教育”不断自我扬弃、发展变化。不变的，是“以人为本”的内核：尊重孩子，相信孩子，帮孩子找回自尊与自信；满足孩子的成长需求，在不增加负担的同时，取得学习成绩和综合素质的同步发展。

20 年来，社会巨变，对成功人士的标准也在不断刷新。综合素质、创新能力……新的时代对教育提出的新要求，呼唤更多教育工作者共同努力探索。

【点评】

闸北八中的成功教育蜚声国内外。谈起闸北八中，不能不谈起成功教育；谈起成功教育，不能不谈起闸北八中。闸北八中践行了成功教育的理念；成功教育促进了闸北八中的腾飞。闸北八中几乎成为了成功教育的代名词。成功教育变成了闸北八中的品牌特色。闸北八中的成功，源于他们顺应了时代的潮流，尊重了学生的需要，值得借鉴。

二、办学有特色是办学规律的体现

世界上没有两片完全相同的叶子，也没有完全相同的两个人。同样是一所学校，管理的对象都是人、财、物、时间、信息等因素，但管理的模式、风格、规章、措施等却不一样，也不可能一样，也不应该一样。“千校一貌”是畸形的发展，各有特色才是规律的体现。任何一所学校，总会有它潜在的优势，经过反复认识筛选，就会找到形成特色的突破口。特色不是一枝独秀，形成特色需要一定的基础和土壤。所以，特色形成的过程本身就是一个整体优化的过程。学校以“拳头产品”为龙头，带动其他的工作，这方面有特色，其他方面也易染上特色的光环，各个轮子一齐转动起来，互相之间展开竞争，内部运行机制得到自动调节，竞争的活力推动整个学校向前发展。这也是一种规律。什么规律？是办学的规律。

高洪源教授认为：在办学过程中，创造学校特色之所以重要，是由“特色”的属性和办学的规律所决定的。办学特色有两个基本属性：即优质性和环境适应性。“学校特色”就是优质的学校行为过程及其活动的良好结果。它是积极的先进的教育价值观念的体现，它能满足社会和公众的需求，实现学校特色的过程就是创优的过程。“学校特色”又是学校根据自身条件主动适应社会环境的结果。在办学过程中，管理者首先要了解环境的变化和要求，然后根据学校自身的特点，努力适应环境的要求，这就是“校本管理”，也是特色形成的机制。概括地说，创建学校特色就是为了给社会提供优质的教育服务，是对社会的主动适应。而适应社会就能获得上级和公众的认可，从而使学校的优势得以更充分的发挥，为学校在更大空间的发展拓宽了渠道。[1]

【案例1-2】

打造适合学生的教育[2]
——中山石岐中心小学办学特色解析

石岐中心小学创办于1941年。经过几代人的辛勤耕耘，它从一所普普通通的街道小学，成长为首批“广东省一级学校”。但进入新世纪以来，随着中山市教育均衡发展的推进，在教师、生源、设备等方面，石岐中心小学不再占有绝对优势。学校发展面临着新的挑战。

2002年，李筠瑞接任校长。她认为，确立学校新的发展方向，必须回到教育的根本问题上来：为什么要有学校？什么样的学校才是好学校？教育现实和教育理想之间的差距在哪里？

在当时，各种理论和改革模式令人目不暇接。李筠瑞没有迷失其中，更没有盲从。在深入调研学校现状，请教专家，走访退休校长，广泛征询教师、家长意见后，她提出了“打造适合学生的教育”的办学理念：“每一个孩子都有其独特的潜质和优势，就像一颗未经打磨的钻石，只要给他阳光，他就能灿烂。适合学生的教育就是那一缕阳光。”

培养适合儿童的教师

“教育，必须遵循儿童的生长逻辑。教育中的许多冲突、缺失，都源于学校教育习惯于让儿童适应教师。”李筠瑞校长说。学校教育发展的着眼点是学生，着力点是教师。要打造适合学生的教育，首

---

① 高洪源．如何创办特色学校［J］．中小学管理．2000（4）．24－25

② 冀晓萍．打造适合学生的教育——广东省中山市石岐中心小学教育改革纪实［J］人民教育．2010（7）．（原文约7100字，限于篇幅，选编时有删节）

先要培养适合学生的教师。

石岐中心小学成立了教师专业发展中心，专门负责策划、组织、评价教师培训活动。读书活动、专家带徒、青蓝工程、分层培训、校际联盟……一个又一个教师培训活动，构建出一个立体的校本培训模式。

在教师自我规划的基础上，石岐中心小学根据教育经验、教学能力以及成长阶段的不同，把教师分为名师培养对象、骨干教师和新教师三个层次，在通识培训的基础上，分层次确定不同的培训内容和方式。

不过，无论什么层次、什么形式的教师发展，学校都有一个共同要求：将教师成长目标指向更好地实施“适合学生的教育”。

国家课程“校本化”，烹制“营养美食”

课堂是师生精神相遇的地方，国家课程是课堂教学的主要凭借，但国家课程的统一性和标准化与儿童个性之间有一道需要穿越的屏障。

要打造适合学生的课堂，教师就要像一位高明的烹调师，运用科学的方法，将国家课程“校本化”，将教学内容烹制成滋养学生成长的“营养美食”。

围绕学生的成长需要，石岐中心小学将“国家课程校本化”作为提升课堂教学质量的重要支点，精心研磨，使课堂教学充满生命力。

《蜗牛的奖杯》是一篇童话，描写的是蜗牛本来有翅膀，在一次飞行比赛中获得冠军后，老是背着奖杯，最后奖杯变成硬壳，重压在背上，最终只能爬行。在教学中，周双清老师既立足文本，抓重点句子的理解，又超越文本，创设情境，让学生透过文字，想象还原生活，推进学生与文本的对话。

南方的孩子很少见雪。美术课上，为了让学生们一起走近《雪孩子》，美术教师刘扬眉随手拿了一张白纸，撕一个大圆当身体，又撕一个小圆当脑袋，黑板上各色的磁铁变成了雪人的眼睛和纽扣，大红油性笔是俏皮的大鼻子，桌面上的大油画板刷刚好可以做小雪人的手……信手拈来的材料，巧妙的技法，牢牢地吸引了孩子们的注意力。老师随即让孩子们通过视频观赏美丽的北国雪景。孩子们尝试着用自己的纸材和工具材料进行创作。老师将美感和技法，不着痕迹地转化为轻松有趣的动手实验和展示。

在石岐中心小学，这样开放、鲜活的课堂比比皆是。在这里，课本不再板着面孔，教师不再以自己的理解、分析代替学生的思考、探索，而是以启发的方式，为学生创造了广阔的想象空间，吸引学生主动参与，自由思考和自我表达。

总有一种活动让孩子心动

石岐中心小学开展了丰富多彩的兴趣活动，力求触动不同个性学生的兴奋点，激发各种潜能学生的生长点。

运动场边，学校专门为孩子们建立了一个“健康加油站”：长长短短的跳绳、色彩缤纷的弹弹球、滑板、呼啦圈、各种球类……应有尽有，孩子们可以在课后随便取用。

“啊，我的太空蛋保住了！”一只只全副武装的鸡蛋从 10 多米高的四楼飘然落地，刚刚还鸦雀无声的校园中，顿时爆发出热烈的掌声。这是石岐中心小学科技节中的一个小镜头。

为了“保护太空蛋”的成功，同学们不知翻阅了多少书，请教了多少次家长和老师，经过多少次反复细致的分析、研究和实践……他们制作出各式各样的护蛋装置，有轻盈的降落伞、塞满棉花的塑料包，甚至还有气球。每一次鸡蛋落到地板上，孩子们都不约而同地伸长脖子看看鸡蛋有没有破裂。

比赛是“残酷”的，自己多天来的努力，在那么几秒钟里要接受成败的考验。但比赛又是激动人心的，所学的知识在比赛中得以应用，并取得成功，该是多么自豪！

在石岐中心小学，共有60多个兴趣小组，还有一年一度的艺术节、科技节、读书节、体育节，孩子们根据自己的兴趣自愿参与。

每周五下午，是全体孩子们的“my style”时间。体育馆里，运动场上，篮球、足球、定向越野等体育活动，吸引着孩子奔跑、跳跃；舞蹈室中，一个个翩翩起舞的身姿，如花儿般优雅绽放；美术室里，孩子们在专心作画，或国画，或油画，或素描，或儿童画；科学室里，孩子们有时操作实验，有时与科学家共话未来，那认真劲丝毫不亚于大科学家；文学社里，孩子们诵读优美词章，走进美丽的童话世界；书法室中，倒墨、润笔、铺纸，屏气凝神，横平竖直，那浓浓的墨香令人沉醉。学校的“红棉小舞台”，全天候开放，各种表演都在这里精彩登台。

学校还编写了《100个科学小实验》、《教你玩集邮》、《定向越野入门》、《生活英语》、《写字册》等一系列校本教材，制作了“100个科学小实验”、“挑战创造力”、“心理健康你我他”等近200辑电视节目，为学生激发兴趣、拓展知识、开发潜能提供了丰富的教育资源。

在石岐中心小学，总有一种活动让孩子心动，总能让学生找到发展兴趣、特长的一片天地！

家校合作，心手相连

现今，家长们十分重视子女教育，但在不少家庭，教育的内容和方式并不符合儿童成长的规律。家校不达成共识，再好的教育思想，都难以产生理想的教育效果。

每年新生入学前，石岐中心小学都要对新生家长进行“岗前培训”。孩子入学后，家长也要经常到校“上课”，就“幼小衔接”、隔代教育、青春期教育等问题接受教育专家和教师的专业辅导。

这，只是石岐中心小学“千名家长上学堂”家庭教育系列活动的一小部分。

石岐中心小学不仅聘请了孙云晓等众多全国知名教育专家，作为学校的教育顾问，定期为家长开设讲座，还给家长们列出了一份家庭教育优秀作品名录，满足家长们学习教育知识的需求；不定期地开展“家长沙龙”，由家长定主题，分享家庭教育心得体会。

同时，学校还重视调动家长参与学校教育的积极性，形成家校和谐互动。班主任陈菲菲在家访中发现：不少家长面临着类似的教育困惑，他们期待相互之间有更多交流的机会。于是，陈菲菲尝试“邀请家长去家访”。

向家长们提出这个建议时，陈菲菲没有十分的把握，毕竟这可能会打扰别人的家庭生活。

没想到，一拍即合！这种做法很快就在全校推广开来。

其实，这暗合了家长们的一个愿望：孩子们上四年级了，同窗四年，一个个名字耳熟能详，家长之间熟人熟面，但就是没有机会坐下来，泡一壶茶，拉近距离，交流一下教子心得。

“到了四年级，家长接待家访已习以为常，可是当老师和三五个家长、孩子一同造访时，就像过年似的，有种备受尊重的感觉，随访家长也受益匪浅。”一位每次都主动要求随访的家长说。

同学随访，也得到了孩子们的欢迎。他们还常常有些意外发现：

看起来大大咧咧的正正，原来弹得一手好钢琴；小辰读的书真多，特别是科学类的百科全书……而这些，在课堂上、学校里是看不到的。

虽然许多家长缺乏家庭教育经验，可他们大多有着较高的文化素养，很多家长还是各条战线的精英。为了更好地开发家长资源，让家长融入到学校教育教学管理中，石岐中心小学开展了“客座教师”活动。邀请家长根据自己的职业或专长，给孩子开设讲座。

走进石岐中心小学的校园，你会经常看到这些“编外教师”。他们有的运用生动有趣的图片、视频给孩子讲解丰富的课外知识；有的俨然像个专业教练，带着一群阳光孩子在球场上竞技；有的三五成群在校园内观察研究着什么……

适合，不是迎合

打造适合学生的教育，不是迎合，而是将儿童的现时兴趣、需要与其将来的发展结合起来，引导儿童从现在走向未来。

袁海红老师是一位深谙“宽严相济”之道的老师。刚接班，投诉就来了：小辛和班上几个男生，上课总在画车，书上、作业本上、桌面上画的全是车，学习倒成了“业余”，家长和科任教师都无计可施。

第一次见到那些车画，袁海红老师大吃一惊：“很难想象，7 岁的他们三两笔就能勾勒出一辆逼真的汽车来。”

家访时，小辛抱出一大摞汽车周刊，给袁老师介绍当下流行的车型和配置，俨然是个“汽车专家”。

一边是课堂学习，一边是兴趣爱好，如何取舍？袁老师苦思良久。

第二天，袁海红老师在班上郑重宣布：下周一给“画车小组”

办画展，以后每周安排一个午会，让“画车小组”当老师，教同学们画车。

突如其来的喜悦，让车迷们欢呼起来。接下来的一周，当小老师、画新作、整理旧作，家长和孩子们忙得不亦乐乎，在兴奋和期待中，周一盼到了。

那天，教室的墙壁上、走廊上，车迷们的大作挂了长长的几排。同学们围着作品，啧啧称赞；“画车小组”成员被簇拥着，介绍车型和配置，神采飞扬。

画展后，袁老师把“画车小组”悄悄拉到一边：“这是你们的第一期画展，如果你们爱学习如爱车，提高学习成绩，我就给你们举办第二期、第三期。”

袁老师拿出一张白纸，一条条地列出对他们的要求。“画车小组”很开心地签字保证做到。这是一个秘密约定。

之后，“画车小组”的孩子们，在课堂上彻底变了样儿，上课精力充沛，提问、回答问题踊跃，作业及时、认真，学习成绩进步很大。但画车的爱好也没丢，他们把画车的时间挪到了课后，把车挪到了画纸上。

一个月后，袁老师兑现了承诺，第二期画展如期展出。

二年级结束前，袁老师为“画车小组”举办了第三次画展。

一年下来，“画车小组”的孩子们养成了良好学习习惯，学习成绩提高了，自我管理、合理安排时间的能力增强了。最重要的是，同学和老师的肯定，使自信的种子悄悄破土。

适合，不是一味任性而为，学校会坚持严格的规范与纪律；适合，不是永远只对孩子微笑，也会有批评责罚，不回避矛盾冲突；

适合，并不是只给孩子们快乐，更要让他们在快乐中有所得，有所悟。

古人云：“万物之生各得其宜也。”（《诗·小雅·由仪序》）同样，教育虽然有着丰富的变化和无穷的奥秘，但适合学生的，其实就是最好的。

这其中蕴涵的朴素而深刻的教育哲学，已融入了石岐中心小学对教育理想的执著追求和“打造适合学生的教育”的办学实践。

【点评】

中山石岐中心小学特色鲜明，质量优良，在当地口碑甚佳。他们之所以能够做到这一点，是因为遵循了办学规律。学校是培养人的社会组织。办好学校，说到底就是要把人培养好。培养什么样的人？怎么样培养人？是让教育适合学生，还是让学生适合教育？不同的理念，不同的行为，也就有了不同的结果。

三、办学有特色是国际教育的趋势

“办学有特色”，“创建特色学校”不是中国专利，而是一个国际性的话题，是国际教育改革和发展的一种趋势。

（一）英国特色学校概况

在英国，“特色学校”是英国政府授予一些优质中学的特殊称号。这些中学是从普通的公立中学中遴选出来的。要想获得“特色学校”称号的中学，必须达到政府规定的标准，还要通过学校之间公开的竞争，获得政府的公开认定。特色学校必须与私营部门赞助者结成伙伴关系，获得额外资助，通过选择一些特色的科目建立学校特色，从而达到提高标准的目的。特色学校在满足国家课程要求的同时，把重点放在所选择的特色科目上，向所有学生提供丰富与和谐的教育。英国任何一所中等学校都能申请特色学校的资格认定。它们可以从艺术、贸易与企业、工程、人类学、语言、数学与计算、音乐、科学、运动、技术等特色学科中选择一个或两个。特色学校可以得到政府资金和社会组织上的额外支持，特色学校资格的获得能帮助学校改进，使学校不仅能够为特色学科，而且还为其他学科提供有效的教学，带动学校管理水平的提高。[①]

从 1994 年英国认定第一所特色学校以来，特色学校变得越来越流行。几乎所有的特色学校每年的招生量都有所增加。每年报名人数的超额部分占报名总数的 40% 以上。随着招生量的扩大，增加的学生通常来自于学校固定招生以外的地区。特色学校拥有诸多优势，如良好的声誉，独特的精神，学生在考试中优秀的表现，特色学科的发展，信息与交流技术（ICT）[②] 的大量运用和更大范围的课程选择等，这些吸引了大部分的学生和家长。目前特色学校正走在良性发展的轨道上。到 2001 年 7 月，英格兰地区有 685 所特色学校，包括 367 所技术特色学校，126 所语言特色学校，91 所艺术特色学校和 101 所运动特色学校。这些学校分布在城市和乡村，由 130 所地方教育当局主管。很多特色学校成为城市优质学校的一部分，其中一半的特色学校位于国家的贫困地区。到 2002 年 9 月，有 992 所特色学校，学校人数占所有特色学校总人数的 34%。根据最新报道，截至 2004 年 1 月 29 日，超过 50% 的中等学校已经成为特色学校。学校标准大臣大卫 · 密里 · 班德（David Miliband）宣布，新近有

① 王瑄 . 英国特色学校政策研究［D］. 首都师范大学 . 2004：22

② 信息与交流技术：Information and communication technology 简称 ICT。

238 所学校成功地通过申请加入特色学校行列，加上原有的 1 448 所特色学校，总数达到 1 686 所，占全部中等学校总数的 54%。最新的特色学校包括第一个音乐特色学校和第一个人文特色学校，它们于 2004 年 9 月开学。同时，作为“乡村特色学校”的 9 所英国坎伯兰郡的特色学校也将开学。①

（二）美国特色学校概况

在美国，特色学校有这样的几种类型：

1. 蓝带学校

美国的“蓝带学校”（blue ribbon school）计划是从 1982 年开始的。2002 年，美国联邦教育部又提出了“不让一个孩子落伍”的新蓝带学校计划。蓝带学校是由美国联邦教育部评定的一种示范性学校，是指在初等和中等阶段的公立学校中，在缩小学生的学习成绩分化方面取得突出成绩或者在学生成绩方面获得异乎寻常高水平的学校。这些学校在行政领导、教学、课程、学生成绩、家长参与等方面表现十分突出，家长、教师、行政人员和学生团体努力工作成就了杰出的学校。除此之外，新蓝带学校还得满足两个条件：一是学校里至少有 40% 的学生来自低收入家庭，二是学校里学生的成绩位于本州组织的考试的前 10 名位置。②

2. 特许学校

美国的“特许学校”（charter school）是一种独立的公立学校，

---

① 参见：http：//www. standards. dfes. gov. uk/specialists chools/news；王瑄．英国特色学校政策研究［D］．首都师范大学．2004. 28

② 曹大辉，周谊．英、美二国特色学校初探［J］．外国中小学教育．2006（4）：24 －27

由美国州或市政府与一些团体、企业及包括教育工作者、家长、社区领导等在内的个人签订合同、互相承诺的一种办学形式。合同期一般为3~5年，有的为15年（亚利桑那州、哥伦比亚特区），也有的每年签订一次（宾夕法尼亚州）。这类学校由州教育厅正式批准建立，经费来源与公立学校一样，接受州政府的生均费用，但使用不受学区教育局的管辖，如果州政府划拨给残疾学生或低收入家庭学生的额外款项，那么，这笔资金就要随学生的流动而流动。此外，在聘用教师、经费使用、课程设置、校历安排等方面享有很高的自治权。特许学校的生存更多地依靠办学质量，如果其教育质量不能胜过公立学校，家长就不送子女去这种学校就读，因生源无法保障，故学校只好关闭。因此，这种学校是一种新型的家长择校形式，在美国引起越来越多的关注与支持。①

3. 磁石学校

美国的“磁石学校”（magnet school）大致从20世纪60年代后期70年代前期开始发展，进入80年代后急剧增长。起初，它是以种族融合政策为目的，为改变“白人飞走”（white flight）现象、吸引白人学生回到少数种群学校上学而设置的一种学校选择类型。“磁石学校”期待通过父母选择而不是强迫、控制的方式送孩子上学，以实现种族融合的目的。它具有以下四个方面的特点：基于某种特殊主题或者教学方法的特色性课程；为实现自愿性的种族融合所体现的一种独特的学区角色或目的；由学生和父母做出的自愿性学校选择，学校包含不同的特色标准；超越学区限制的录取政策。“磁石学校”为改善学业质量以及为特长学生提供一系列计划，允许父母

① 徐双荣．美国特许学校面面观［J］．教学与管理．2000（9）：73－75

在几所提供特色课程主题或教学方法的学校间进行选择。为了吸引白人父母，这类学校往往奉行某种特定教育理论或者在课程设计方面独具特色。它们往往提供丰富的特殊课程，如艺术、科学和技术、外语、基本技能等课程。有的也以提供某种独特的教学方法为特色，比如蒙台梭利教学法。“磁石学校”注重追求严格、高质量的教学，注重培养学生切实的、适合市场需求的职业技能。正是这些目标的驱使，“磁石学校”一度受到了广泛的欢迎，学校的数量大幅度增加。①

（三）日本特色学校概况

近年来，日本越来越多的公立和私立小学积极开展富有独特性的教育实验，引进多种新的教学方法，致力于特色学校的建立。在南北绵延的列岛，涌现出了不少的特色学校。如：

1. 东京都浅草小学：午餐室成为孩子们的交流场所

日本的小学实行校内午餐的最初目的是为孩子们提供营养成分均衡的餐食。但近年来，校内午餐开始被认为能够产生另外一些教育效果，并出现了形式多样的校内午餐。浅草小学从大约20年前开始实行让不同年级的学生们在一个宽敞的午餐室里共同进餐，这在一般小学中是比较特别的。浅草小学校长岸洋一如是说：“在学校里，不同年龄的孩子之间通常是很少交往的。但在午餐室里，不同年级的孩子们在同一张餐桌上吃饭，相互之间平时很少有机会说话的孩子们可以在一起交谈。”同时，他们每年还多次邀请社区的老人来这里与孩子们一起进餐，让孩子们学会与不同年岁的人们进行交流，以达到心灵教育的目的。

① 贺武华，李承先．美国“磁石学校”的特色创新及其成效分析［J］．比较教育研究．2009（6）：57－61

2. **静冈县加藤学园晓秀初等学校：实行完全双语教育的学校**

晓秀初等学校创建初期，致力于早期英语教育，并从1992年开始引进Immersion Program教学法。除了语文、社会（地理）等一部分课程外，其他所有的课都是由以英语为母语的教师担任的。一至三年级的70%的课是用英语进行的，四至六年级的英语授课为50%。几乎所有的学生在入学以前没有接受过特别的英语教育。对此，该校Immersion Program的负责人迈克尔·博斯特维克认为，对没有英语基础的孩子也无须担心，"开始时，我们用简单的单词以及借助身体动作或手势来讲课，约半年以后，学生们就能基本理解教师的意思了。"据说到了六年级，学生的英语笔试水平可达高中二年级程度，英语会话能力也强于高中二年级。

3. **东京都谷中小学：在空间开放的教室里**

东京都的谷中小学是实行"开放型"教育的学校之一。一个面积有10个普通教室之大的空间；四周没有墙壁，中间用移动式隔板分隔成3~4个教室。教室以外的空间是公用的，课余时间，这里是孩子们的玩乐场地。谷中小学的教导主任今井芳彰说："在这样的空间里，孩子们之间容易建立起跨班级或跨年级的朋友关系，而且，孩子们对教师的态度也会变得活泼、开放。从客观上来说，把孩子们封闭在教室里是不可能的，开放的空间具有发挥孩子们主体性的功能。"同时，在谷中小学，听不见上下课的铃声，这是学校考虑到让教师根据课堂的讲课情况灵活地掌握时间。

4. **兵库县播磨高原东小学：未来型设计的小学**

由混凝土块和玻璃材料呈垂直型组合的校舍，蓝色的圆顶体育馆，精心设计规划的草地、花坛、游泳池。这座未来型设计的小学，位于作为21世纪高科技集聚城而开发的播磨科学公园城中。建筑家安藤忠雄是播磨高原东小学的设计者，他曾经获得过被称为建筑界的诺贝尔奖的PRITZKER建筑奖。播磨高原东小学校长久保克至说："大幅的窗户和宽阔的走廊，使校舍内显得格外明亮。因为建校才6年，所以设备还很新，一派未来科学城市学校的气氛。"该小学注重科学教育。学校周围有很多科学研究机构，据说学校经常邀请那里的科研人员来校就原子能、昆虫世界等课题作特别讲课。肩负着日本科学技术之未来的孩子们将在这个崭新的教育环境中茁壮成长。

5. 东京都赤羽台西小学：电脑教育的先进学校

赤羽台西小学是日本最早引进电脑的小学之一，它于1986年开设了电脑教室。此后，该校作为信息教育研究的样板学校，开始优先引进各种最新设备。如今，每个教室都设有一台电脑，通过局部网络而相互连接在一起，并以高速线路连接英特网。电脑课内容的程度也是相当高的。学生们在低年级时就学习基本操作。以后，学生们逐渐开始在课堂上学习通过英特网收集和查阅信息，并在网页上发表学习成果等。而且，学生们还使用小学生专用的群体软件来与其他学校的学生进行交流和学习制作数据库等。同时，该学校还对学生讲授著作权维护等一些网络社会必须具备的常识和规则等。在校期间，学生们能够基本上掌握作为信息工具的电脑的使用方法。日本的小学电脑教育正在快速发展。预计在数年以后，日本所有的小学都将实行与赤羽台西小学同样的电脑教育。

6. 长野县财团法人育人会八板学院：到山村去"留学"

城市的孩子离开父母去农村的学校上学，同时接受大自然的熏陶，这有助于孩子们的健康成长。这种被称为"山村留学"的制度，目前已在日本全国140多所学校中实施着。1976年创办的财团法人育人会八板学院是“山村留学”的倡导者。八板小学是接受城市孩子来“留学”的小学。城市的孩子们住进没有电视机也没有游戏机的宿舍，洗衣、扫除等日常琐事都自己动手，每天步行4公里左右的山路去八板小学上学。每逢周末，孩子们参加插秧、割稻等农活或是去爬山、野营、滑雪等，去体验大自然。实行“山村留学”对于接受城市孩子“留学”的小学来说也是很有好处的。在人口过疏地区的学校里，孩子们从低年级开始每天与同样的伙伴相处，而“山村留学生”的到来则为这些孩子带来了新的朋友，大家一起学习，一起开展体育运动，相互帮助，相互激励，这有助于解决学生人数过少的小规模学校所存在的一些现实问题。这些既有利于城市学生，也有利于农村学生的“山村留学”制度，无疑将会在日本全国推广开来。

7. 长野县王泷小学：与澳洲小学生开展交流

王泷小学位于海拔2000～3000米高的山峦环抱中的山村。这是一个努力开展国际交流的学校。在英特网的王泷小学主页上，有用英语对学校概况所作的详细介绍。王泷小学与澳大利亚墨尔本的Huntingdale小学有着友好往来关系，两校之间开展着各种交流活动。每年，与王泷小学并设的王泷初级中学二年级学生都要访问澳大利亚，同时，澳大利亚的Huntingdale小学的孩子们，每两年来日本进行一次访问。此外，王泷小学与Huntingdale小学的学生们还通过邮件定期交换照片、图画等，并用电子邮件互通信息、相互交流。通过在学习、运动、游戏等方面的交流，相互学习对方的生活文化。王泷小学的校长黑岩修说：“孩子们努力用自己有限的英语能力来表达自己的意愿，在发挥创意的同时培养了友好情感。积极与外国的人们进行接触和交往，我认为这就是国际交流的第一步。”

8. 岩手县薮川小学：只有一名学生的小学

位于东北地区山村的岩手县薮川小学，只有一名学生，她是二年级的小仓由香理。由于出生率下降以及人口向城市的流动，薮川小学的学生人数从20世纪60年代时的100多人逐年减少，两年前，甚至到了只有一名学生的状况。教师本宫真树说："即使只有一名学生，我们也还是像有三十名学生的班级一样上课，只是不可能听同学发表意见或是开展集体活动。"虽然教师可以对学生照顾得比较周到，但是，只有一名学生的音乐课、体育课等却是比较困难的。因此，这一名学生每周有两天要去7公里以外的有4名学生的分校上课。小仓由香理说，还是在分校上课比较快乐，"因为那里有很多伙伴。"不过，小仓由香理很快就不是一个人了，因为到新的学期，她的妹妹就要成为薮川小学的一名新生了。①

【案例1－3】

德国的一所独特私立学校②

1919年德国瓦尔多夫－阿斯托利亚（Waldorf-Astoria）烟厂厂主想为职工子弟建一所学校，让他们将来有个好的就业机会，于是人智学鼻祖鲁道夫·施泰纳（Rudolf Steiner）便在斯图加特创办了世界上第一所瓦尔多夫学校。80多年来，瓦尔多夫学校遍布五大洲70多个国家，仅在德国就有191所，欧洲639所，其余各地894所，并且正以每年增加20所的速度不断发展壮大。瓦尔多夫学校之所以有如此旺盛的生命力，取决于办学者明确的教学目标及其独辟蹊径的

---

① 罗朝猛．日本小学特色学校一览［J］．外国中小学教育．2002（2）：47－49

② 资料来源：洪启智，胡伟珊．德国的一所独特私立学校［J］．外国中小学教育．2006（2）：42－44

办学特色。

Steiner 认为，人是体、灵、魂的统一体。教育的根本目的就是要尽可能地发挥潜藏在每个人体内的思维能力、感情和愿望，教育必须面向未来，必须适合青少年各年龄段的成长特点，努力培养身心健康、有知识、有独立性、有创造性、有艺术性、有社会责任心、能融于社会、高素质的能工巧匠。为此，他们精心设计和安排课程，形成了一整套独特的教学模式，走出了一条自己办学的道路。其特色主要表现在以下几个方面：

1. 没有分数，没有留级制

学校将学生分为低年段（1－4 年级）、中年段（5－8 年级）和高年段（9－12 年级）。所有学生只升级，不留级。1－10 年级每年的成绩单上没有分数，只有各位任课老师对学生在本科的学习能力、知识掌握情况以及进步程度的评语以及班主任的综合评语。校方认为，学生学习的积极性并非来源于成绩压力，而是来自健康的学习动机。

2. 不分快慢班，男女混合编班

这样做便于学生之间互相帮助，共同进步，有利于他们将来面对社会现实。对于学习好的同学，教师可以布置较难的作业。各班人数在 30－40 人，有些练习课，像外语课分小班上课，1－8 年级有固定班集体和班主任。

3. 课程设置贴近生活，教学安排别具一格

学校将课程分为时段课及专业课两类。时段课统一安排在每天早上第一和第二节，每门课程集中上 3－4 周，然后换另一门。例如：连着四周每天上午第一、二节都上数学，第五周换物理。1－8 年级的时段课，一般由各门课程都在行的班主任担任，以便跟班，

更好地了解每位学生。高年段的时段课，由专业老师担任。

列入时段课的有：

低年段：德语、写、读、运算、地方志、动物、画形状、常识等。

中年段：德语、数学、物理、化学、生物、地理、历史、艺术（绘画、雕塑、欣赏）、戏剧等。

高年段：德语、历史、社会政治课、地理和经济学、艺术史、数学、生物画法几何、环境物理、环境化学等。

农业实习（3－4周）、土地丈量实习（2周）、森林和企业实习（4周）、社会实习（3周）、在实地学艺术或建筑、戏剧等。

专业课指那些需要练习或操作的课程，像外语课、手工课等。列入专业课的有：

1～12年级：两门外语（英语/法语/俄语）、宗教、体育、音乐（唱歌及乐器）、（融吟诗、音乐和肢体活动为一体的和谐的）运动艺术韵律操（由Steiner独创）等。

分布在中、高年段的课程：园艺、电子学、信息计算机、手工（钩织、编织、刺绣、剪裁、纺织、制鞋、编篮等）、车间劳动（木工、金属加工、锻压、电工）包装、陶器制作、装订书籍、老人及病人护理、数学练习课等。

专业课在早上第一、二节以外的时间上。目前，有的学校也采用时段性的排课方式，将有些专业课排在下午课后。

4. 从一年级起学习两门外语

小孩的模仿性很强，从小学外语可以让他们更早地感受到语言的语调和节奏，培养他们对不同国家和不同文化的兴趣。

5. 在实践中学习，生动活泼地上好每一节课

“在干中学”这是瓦尔多夫学校遵循的箴言。对于低年段的学

生，教师注意通过游戏、图片等形象具体的教学手段，通过演员般的富有艺术性的教学组织，激发他们的思维活力，而不是单纯地向他们传授知识。孩子们入学后先学写，再学念。当他们将一个个的字母像画画一样地描绘出来时，他们的感觉已沉浸在纷繁多彩的世界中了。高年段的学生，则可以通过丰富多彩的专业课、实习课、班级年段的活动等将理论和实践结合起来。而这种结合又激发了他们学习的欲望。在一堂好的时段课上，教师不是将所有的东西都讲完，而是有意识地将一些重要问题留给学生去思考，第二天再来处理就会更有深度。有时为了与学生共同探讨一个问题，教师们不得不抛开准备好的讲稿。这样，被称之为教学机构的学校就成了“学习的工厂”。

6. 独特的时段课作业本及考试方式

许多时段课没有教科书，课后学生的一项作业就是在时段课的作业本上整理归纳课堂学到的内容，学生们各显其能，精心设计。一门课结束了，他们得到的是一本他们自己写的“教科书”。

八年级的同学在中年段毕业时，全班要演出一出戏，从排练到演出，包括灯光、服装、化妆、道具等，还需要在老师和家长的帮助下完成，而到了十一年级毕业时，学生们则自己动手，他们已是“演戏”的行家了。

十一年级的结业考试，与其说是考试，不如说是过节。学生们很早就选好一个课题，报高年段教师大会同意，在辅导教师的指导下，经过深入探讨，到年末写出一篇论文，在老师、同学、家长面前宣读。另外一项内容就是当众展示艺术才华。接着是班级演戏，表演运动艺术韵律操，然后全班出游。这样的考试和毕业方式多么有意义，多么轻松有趣啊！

7. 教师必须经过培训，教师必须与时俱进

谁想当瓦尔多夫学校的教师就必须在岗前或随岗参加瓦尔多夫学校的培训班，通晓瓦尔多夫学校的教学目标及特有的教学法。培训班为期二年，课程都安排在周末或课余时间。教师首先必须兢兢业业上好课，教师的“威望”只能产生于师生相互的信任中。当教师内心不再保持必需的平衡，不再充满爱心地献身给天真活泼的孩子时，教师就会变得专横。

Steiner 认为，教师不能只停留在和满足于教好课上，因为“谁立足于生活，谁就处于变化之中”，即教师必须与时俱进，不断充实自己。因此 Steiner 建议，教师在学校工作一段时间后（如到了七年一次的安息年时）就应回归社会，去经济领域或工厂工作，然后再回到学校，只有这样才能使教师不断更新知识，知道社会需要什么，使学校不脱离社会。

8. 毕业生有多种选择，前途光明

瓦尔多夫学校来去自由，可以中途转学。德国的义务教育从 6 岁至 18 岁，即 18 岁之前要上学或接受培训。小学为 4 年，中学一般分两类：普通中学（5 –6 年制）、实科中学（6 年制）及高级中学或称文理中学（9 年制）。为了给毕业生提供更多的深造和就业机会，11 –12年级引入德国公办中学的考试及分数制。瓦尔多夫学校 12 年级毕业生，经考试可以获得德国普通中学的毕业文凭或实科中学的毕业文凭，前者可在企业以及职业学校开始职业培训，或上专科学校，为他们今后所从事的职业铺路。后者具备了上职业专科学校、高级专科学校的资格，为将来在经济界或公共事业中开始中等生涯或上高等学校打下坚实的基础。在有的州，学生也可获得高等专科毕业文凭。所有这些文凭都得到政府的承认。

如果学生想上大学，想有个更好的前途，则可上瓦尔多夫学校的13年级，一旦通过德国高级中学的毕业考试，就获得了文理科中学的毕业证书，并可以直接升入大学。目前，瓦尔多夫学校的文凭名称、种类各州各地有所不同，但有一点是共同的，那就是瓦尔多夫学校的毕业生有更多的选择。据统计，德国每年5 000个毕业生中有47%获得高级中学的毕业证书，上了大学；34%获得中等结业证书；10%获得普通中学毕业文凭；7%获得高等专科学校文凭；2.6%未通过国家考试，未获得任何文凭。

9. 家长、教职工参与管理，集体领导，分工负责

家长和教职工的代表进入董事会，共同管理学校的教学和日常事务。校董会成员分工明确，如有的负责基建，有的负责公关等。定期召开的教师大会（一般一周一次）、年段专业会议讨论教学及教学方法；技术性会议则具体安排各项事务；一个月一次的家长、教师联谊会，各班定期的家长会议都充分显示了家长在办学中的作用。务实的、卓有成效的会议保证了各项工作的高质量的贯彻和执行。有的学校还定期对外开放，有兴趣的人都可以到校听课。学校还定期对外演出，用节目展示学生们所学到的东西，将学校与社会联系起来。

10. 学费可以商议，因人而异

瓦尔多夫学校是私立民办学校。德国基本法规定民办学校与公办学校一视同仁，因而要给予财政资助。当然这种资助比起公办学校要少20% -50%。学校其余的经费则靠学费。由于家长收入不同，因此所交学费的数额也不一样，数额多少由校方与家长面谈协商确定。目前，家长平均每月要交80 -200欧元。

【点评】

瓦尔多夫学校的办学理念和办学特色给予我们很多启示，它让我们思索我们办学的目的究竟是什么以及如何办学。学校应该是青少年向往的场所，应该以人为本，从青少年的实际出发，面向未来，面向社会，培养德智体全面发展的公民，而决不能培养出高分低能、四体不勤、五谷不分、没有工作和生活能力的书呆子，或是自私自利、没有爱心、毫无社会责任感的歪才。

专 题 二

是什么（What is it）？
——学校特色的涵义与特征

特色不是一所学校随意自贴的标签。对学校特色的理解不同，创建学校特色的思路和措施就不同。学校是否办得有特色，是有它特定的基本涵义和特征的。

一、学校特色的涵义

什么是学校特色？这是学校特色理论研究和实践探索的逻辑起点，是必须首先弄清楚的问题。

（一）学校特色是什么：多维视角的分析

“特”，作为形容词，基本的解释是：不平常的，超出一般的。如，特产、特点、特权、特性、特征、特需、特技、特区、特价、特例、特色、特效，等等。“特”或“不特”，是相比较而言的，是一事务与他事务相比较后所显示出来的一种状态。

“色”，作为名词，除了我们熟悉的“颜色”、“表情”、“景象”、“姿色”以及“种类”等涵义外，“品质、质量”（如，音色、成色、足色等）也是一种重要的涵义。

“特色”（characteristic；distinguishing feature），独立地讲，指的是事物所表现的独特的色彩、风格等。[①] 事物特色通常是指一事物有别于他事物的不同之处。与其他的词语搭配，在不同的语境中，具有不同的涵义。有狭义也有广义，有褒义也有贬义。如，当人们谈到“医院特色”时，会说起某家医院的“内科很厉害”，“儿科相当权威”等。在这个语境中的“特色”，就是“特别出色”的意思，指的是事物的某些方面区别于其他方面且优于其他同类事物同一方面的优秀品质。又如，当人们谈到“音乐特色”，会说到某段乐曲“很有乡土气息”，某位歌唱家的音色“很甜美”。在这个语境中的“特色”，指的是“风格”，是“事物的不同之处”。

“学校”是一个社会组织。“学校特色”，在这样的一种语境中，应该怎么理解其内涵与外延呢？人们从多种视角进行了分析。

有人从特色事物的本源与属性的视角分析学校特色的实质，把学校特色看作是一种由“工作强项”表现出来的“独特品质”。如，孙孔懿认为：学校特色，是办学主体刻意追求逐步实现的学校工作某一方面特别优于其他方面、也特别优于其他学校的独特的稳定的品质，也称为办学特色。[②] 又如，高洪源认为：一个人或一个事物与众不同又特别优异之处就是特色。所谓办学特色，就是一所学校的整体办学思路或在各项工作中所表现出的积极的与众不同的方面。

---

① 中国社会科学院语言研究所词典编辑室．现代汉语词典［D］．商务印书馆．1978：989－990，1124－1125

② 孙孔懿．学校特色的内涵与本源［J］．教育导刊．1997（2－3）：46－49

换句话说，它是一所学校积极进取的个性表现。①

有人从分析学校特色所表现出来的特征出发，认为：学校特色是一所学校的独特的、优质的、稳定的教育风貌。如，李保强认为：特色学校顾名思义就是指有特色的学校。它是对办学中能出色地完成学校教育任务，而又在整体上具有独特、稳定、优质的个性风貌的学校的统称。②

有人从分析形成学校特色的决定因素出发，遵循“有什么样的校长，就有什么样的学校”这样一个思路，认为：学校特色实际就是校长个性在办学过程中的具体表达。如，辜伟节认为，“校长个性是创建特色学校的关键”，“校长个性形成过程和特色学校形成过程是和谐统一的”。③ 又如，张春生认为，创办特色学校的关键是校长。校长在创办特色学校中必须有强烈的创办意识、独特的教育理念与良好的亲和力。④

有人从组织文化的视角分析学校特色，把学校特色看作是一种学校个性文化。如，张建明先生认为：特色学校的“特色”是一种先进的、独特的、富有时代特征和相对稳定的学校文化。它不只表现为学校具有个性化的外显环境、校本化的课程体系、独特的教育教学管理制度、明显优于同类学校的特色项目，更是表现为凝聚在学校每一个成员身上的一种精神品质。也许我们很难用语言准确地描述它，但它无处不在，它不因校长更换而改变，不因教师调动而弱化，也不因学校变迁而消亡，它深入学校每一个成员的骨髓，影

① 高洪源．如何创办特色学校（上）［J］．中小学管理．2000（4）：24－25

② 李保强．试论学校特色建设［J］．教育研究．2001（4）：70－72

③ 辜伟节．特色学校与校长个性［M］．南京：南京师范大学出版社．2004；陈光亮．校长个性与学校特色［D］．南京师范大学．2006

④ 张春生．校长与特色学校［J］．教育理论与实践．2001（3）：34－35

响人的一生。①

有人从系统优化的视角分析学校特色，认为：学校特色是学校教育诸要素系统优化后所显现出来的一种独特模式。如，鲍玉琴认为：特色学校是学校整体改革的产物。特色应体现在学校的各个方面，成为学校群体共同追求的，努力形成一套全面的、整体的、综合的学校文化模式。②

有人从学校特色形成与发展的过程出发，认为“学校特色”和“特色学校”是两个不同的发展阶段。如，吴秀娟等人认为：“学校特色”与“特色学校”是不同的。首先是出现学校特色，即个别的“强项”或优势，这是学校创建特色的初级阶段。随后逐步发展，全方位地渗透，产生学校的整体效应，形成该校特有的一套文化模式，成为特色学校，属于学校创建特色的高级阶段。③

……

综合前面的分析，笔者认为：

学校特色是指学校工作某一方面或某些方面有别于其他学校的一种独特的、稳定的、优秀的品质。“学校特色”也可以称之为“办学特色”。办学有特色的学校，就是“特色学校”。

（二）学校特色不是什么：若干疑惑的辨析

在学校特色的理论研究和实践探索过程中，也存在不少的误区需要澄清，不少的疑惑需要辨析。

---

① 张建明．明确特色，把握特色要素，创建特色学校［J］．浙江教育科学．2005（3）：13－15

② 鲍玉琴．关于创办特色学校的思考［J］．教育理论与实践．2001（4）

③ 吴秀娟，郭向东，闫德明．学校创建特色研究［M］．沈阳：辽宁人民出版社．1997：25－51

1. 学校特色是"普遍性"而不是"个别性"的

学校特色不是少数学校的专利，每一所学校都可以创建特色。在哲学意义上，"学校"是一个抽象的概念。在社会生活中，"学校"是一个具体的组织。只要是一所具体的学校，就一定是一所有个性的学校。每一所学校都是一所潜在的特色学校，每一所学校都可以发展为特色学校。"个性"，是学校与生俱来的"内在属性"。"特色学校是认识和优化了个性的学校"。① 不存在"办不出特色"的学校，只存在"没有办出特色"的学校，即没有认识自身个性、没有优化自身个性的学校。

2. 学校特色是"生成性"而不是"指定性"的

有些人认为，创建学校特色，对于一般的学校来说，是难以有所作为的，关键要看政府是否重视。那些重点学校，政府投入了大量的资金，设施设备、师资队伍、生源素质都是最好的，这样的学校没有特色才怪呢。重点学校反映的是学校在政府教育资源配置格局中的地位，是一种典型的行政干预的结果，是"钦定"的"、"赐封的"。创建学校特色也需要政府支持，但关键是要能够挖掘和优化其本身独特的教育资源，是全体师生员工齐心协力、执著追求的结果，是"生成的"。学校特色不是"等来的"而是"追来的"，不是"给予的"，而是"自创的"。

3. 学校特色是"全面性"而不是"片面性"的

有人质疑特色学校，认为在义务教育阶段，教育的宗旨应该是全面育人、全面发展，不宜提倡办特色学校，因为办特色学校就容

---

① 傅国亮. 每一所学校都是潜在的特色学校 [J]. 人民教育. 2009 (3-4): 20-22

易发生偏科，造成育人上的片面发展。实际上，这种质疑是对特色学校的片面理解。创建特色学校的基本方针是全面发展，办有特色，而不是离开了全面发展的基础和前提而去片面地发展某一个“特色”。已有的成功经验表明，那些办得好的特色学校，既有个性鲜明的特色，又有全面发展的基础，“特色”和“全面”是相辅相成的，辩证统一的。事实证明，抛弃全面发展而孤立地突出某一点是办不好特色学校的，更不是特色学校应有之义。

【案例2－1】

用生存教育把“人”写大①

我们常常说，教育要“以人为本”，真正关注到人。然而，怎么样才算是关注到人？深圳市宝安中学的“生存教育”正是试图在把那个“人”字写大。

宝安中学的地震避险课，早在汶川大地震发生之前的2002年就开设了。从那时起，几乎宝安中学的每一名学生入校后都会受到这样的地震应急避险教育。“这不是先见之明，因为谁也不会预料到灾难的发生，但我们必须尽可能早地教孩子们学会爱护生命，‘以人为本’中的‘人’又以什么为本？生命！”宝安中学校长彭锻华说。

“进门”第一课

有人笑称生存教育课是深圳市宝安中学的“进门”第一课。说“进门第一课”有两层意思：第一层意思是，这门生存教育课是学校要抓的“第一要课”、“第一品牌课”；第二层意思是，这门课主要

① 徐启建．用生存教育把“人”写大［N］．中国教育报．2009. 5. 19.（更多关于“生存教育”的资料，请参见深圳市宝安中学网站 http：//www. szbzedu. net/）

开在初一和高一，宝安中学的学生从入校“进门”时就要马上学习这一课程。

有付出就有收获。生存教育校本课程成了宝安中学的品牌，这块“牌子”即便在全国范围内都享有相当高的知名度。他们由这门校本课程所延伸出来的《课程〈学会生存〉的开发与实施研究》被登记为国家科技成果，《城市中学生生存教育的理论与实践研究》被确定为全国教育科学“十五”规划教育部规划课题。中央电视台数次以他们为蓝本做了几十分钟的专题节目。

而更重要的是生存教育课本身也确实给学生们带来了“实惠”。

生存教育课老师张敏说：“有一个学生和奶奶两个人在家的时候，奶奶突然犯了心脏病，学生从容不迫地报警，给奶奶做心肺复苏呼吸。医生赶到的时候，奶奶已经基本问题不大了。那个学生的整个应对过程，连医生都惊叹不已。”

类似的例子，宝安中学的每个老师都能给你讲出一大堆来。

“生存”需要教吗？

生存技能需要在学校里专门教吗？可能很多人都会有这样的疑问。学校曾经联系中学生的生活实际，组织人力编制了《中学生生存知识问卷》，对宝安中学高一和初一的学生进行调查。结果发现，多半学生对半数以上的问题不能正确回答，但约有75%的学生却自认为对生存涵义有“很深刻”或“较深刻”的理解。

彭锻华刚到宝安中学当校长不久，一个朋友从国外回来，告诉了他一件稀奇事儿：朋友所去的那个国家考汽车驾照，竟然必须回答车祸发生时如何自救、如何救人。朋友是把这当成趣闻讲给彭锻华听的，但却引起了他的深思：“同样考驾照，人家更关注的是驾驶者自身和他人的生命安全。我们许多时候对生命的态度太不认真了。”

前几年汕头市某酒店发生火灾，浓烟滚滚之际，开门逃生、窗口跳楼者或死或伤，而顶楼一个房间的两个年轻人用湿毛巾塞住门缝，从后窗挥舞床单求援最终获救。原来这是两个从英国留学回来的学生，在英国曾经接受过这方面的教育。事实证明，当灾难来临时，是否受过基本生存知识与技能的教育，会造成截然不同的结果。

据报道，全国每年约有1.6万名中小学生非正常死亡，平均每天约有40名学生死于溺水、食物中毒、交通等事故，这其中约有80%的非正常死亡本可以通过预防措施和应急处理避免……

在高扬人本精神的今天，这样的事实，让我们不能不反思作为承担着提高国民素质重任的教育在“关爱生命”这一根本性的问题上是否发挥了应有的作用？

生存教育课教什么？

即使生存教育课开设起来了，教什么其实也是一个问题。如果简单地把社会上的那些生存技能教一教，没有校园特点，对学生们不实用，家长和学生们也不会买账。

“课程”从某个角度来说，就是对学生最有价值的知识的集合体。筛选出这些精华，需要大浪淘沙般的精神和过程。深圳宝安中学的《学会生存》就经历了一个这样大浪淘沙的“精密过程”。

学校几乎动员了所有的老师、学生和家长参与课程内容的完善，还主动向社会相关职能部门“求助”，让这些部门帮助把关审定。

这门课程最关键的是“动态开发”。这门课程始终保持未完成状态，一旦有新的情况新的课程资源，学校会随时调整增加。

这些举措让宝安中学的生存教育校本课程内容最大限度地介入

生活、贴近生活，几乎包括了学生校内和校外生活的方方面面。

除了地震逃生、防避雷电伤害、洪水灾害中的避险这些自然灾害应对之策以外，他们的生存教育课程还包括了卫生安全事件中的应急、事故灾难中的应急、社会安全事件中的应急等系列内容。

在事故灾难中的应急部分，第一课就是拥挤踩踏中的自护。课程设计得很细，它给学生们详细分析了群体性踩踏事故最容易发生的场所、时间和地点，如果发现自己已经被裹入拥挤的人群之中应该怎么办，还有模拟演练。联想到近些年来中小学校园层出不穷的踩踏事件，这一课对学生们来说不啻是“安全大礼”。

此外，交通安全、游泳安全、乘船安全、火场脱险、用电安全、防范非致命意外伤害、煤气中毒施救、心肺复苏施救种种，无一不是学生们随时可以应用的知识。

生存教育课中，最有意思的是社会安全事件中的应急。

你知道怎么独自应对陌生人敲门吗？你知道怎么提防小偷吗？怎么智对绑架？遇到校园暴力怎么办？怎么应对性骚扰？如何识破生活骗局？怎样才能不在网络中迷失自我？

每一个问题都以极强的现实性在拨动孩子和家长们的心弦。

更强大的“生存”

虽然基本生存技能这个层面的内容一直是宝安中学规划的生存教育校本课程中的重中之重，也正是这些课程为宝安中学赢得了无数的荣誉，但在彭锻华校长的心中，其实一直有一个更为完备和强大的生存教育课程体系。在这个体系中，基本生存技能只是基础，培养出具有高质量生存能力的人才是真正的目的所在。

“学会生存”的内涵，不仅指最基本的生存知识与技能，还包括追求高质量的生存。这就要培养积极的生活态度和健全的人格，学会交际，懂得礼仪，成为“绅士”，成为“淑女”。与这种理想相对应的是，学校在生存教育校本课程设计之初，除了应急求生类的基本生存课程之外，还专门设立了心理课和礼仪课。

学生们的心理咨询室、心理阅览室和上课的心理课教室所在区域的名字也很有意思，它们合在一起被叫做“心灵乐园”。这个名字在某种程度上反映了学校“培养学生积极的生活态度和健全的人格”的教育理想。

在礼仪教育上，学校也毫不含糊。一个人在现代社会中具有良好的礼仪状态必不可少。因为这种认识，学校在这方面的投入甚至有些“不惜血本”，曾经请过专门培训空姐的礼仪老师来学校培训礼仪，最近还从香港请了著名的形象设计公司希曼公司的培训师来学校讲衣服怎么搭配。

学校还通过基础课、选修课、艺术节、课外活动、学生讲座、校外观摩等多种形式锻炼学生们的各种能力。宝安中学的学校管乐团多次作为深圳市的唯一代表出访亚太各国及地区，学校舞蹈团和健美操队参加全国校园春节联欢晚会的演出荣获表演金奖……

和谐管理为“生存”助力

让学生们学会高质量生存，学校教师就得“高质量生存”。因为有很多生存能力其实是靠教师潜移默化传递给学生的，教师其实是让学生们学会高质量生存的“软环境”。

怎么创造好这个“软环境”，学校找到了两个字——“和谐”。这两个字并不是用来装点门面的，学校真正把这两个字当成了管理上的最高追求，并且为此煞费苦心。

彭锻华校长认为：“对于像宝安中学这样办学制度比较健全完善的学校而言，作为校长，在学校日常工作中就应该更注重情感管理，充分尊重和信任每一位教师。基于这一点，作为校长，我对自己的定位是，绝不能做队伍的驱赶者，而应做队伍的引领者。”

宝安中学特别重视团队精神。教师考核的时候，学校主要是考核整个团体、备课组、班级的情况，是捆绑式的评价，这样避免了教师之间的恶性竞争，整个团体就会有一种内在的需求，形成一种自然合作的文化。这种合作文化慢慢凝聚在一起就形成了学校和谐发展的大文化，这种大文化其实是高质量生存的最佳熏陶环境。相对来说，教师是铁打的营盘，学生是流水的兵，学校有很多文化环境其实主要是靠教师去营造的。

生存教育的成果是一种隐性的知识与技能，是面对挫折与灾难时的一种自我防护的意识和强烈的生存欲望，它很难物化为可展示的教育“成果”，但一定是关怀、呵护生命的教育，是指向人生的高质量的实践课，它的终极目标就是让学生实现共性与个性的和谐统一。

我们常常说教育要真正关注到人，在教育中要把“人”字写大，从基本生存到高质量生存，再到和谐生存，宝安中学一系列教育所追求的不正是试图在把那个“人”字写大吗？

【点评】

宝安中学是广东省一级学校，国家级示范性普通高中，在深圳乃至在广东省都是举足轻重的。或许在某一方面或某些方面，还有“更厉害”的学校超过宝安中学，但在“生存教育”这一方面，它是最棒的。这就是典型的“全面发展，办有特色”。宝安中学的办学实践最能诠释学校特色的概念：“学校特色是指学校工作的某一方面或某些方面区别于其他学校的一种独特的、稳定的、优秀的品质。”

二、学校特色的特征

学校特色不仅有它特定的基本涵义，而且，学校特色一旦形成，就会表现出它应有的一些特征。

（一）学校特色的独特性特征

普遍性（共性）与独特性（个性）是密不可分的两个方面。共性存在于个性之中，个性包含共性并表现共性和丰富共性。例如：所有的学校都要贯彻党和国家的教育方针，都要面向全体学生，实现全面发展，提高学生整体素质，这就是共性。但具体到每一所学校的教育教学和管理工作中，又不会、也不可能、更不应该是千篇一律的，这就是个性，即独特性。独特性是学校特色的核心因素，没有独特性也就不存在学校特色。“特色学校就是个性化的学校，是认识和优化了个性的学校”。特色就是个性，个性就是特色。①

独特性表现在学校办学育人的过程中，某一个方面或某几个方面有突出超群的地方，别人没有做到而自己率先做到了，或者别人虽然做了，而你比别人做得更好。古人认为：“事物之独胜处曰特色。”或者“特有”，即“唯一性”，独一无二，仅此一家，也就是“人无我有”。或者“特优”，即“优质性”。虽然我有人也有，但是我更胜人一筹，也就是“人有我优”。

（二）学校特色的稳定性特征

学校特色不是昙花一现。既然它以优质性为基础，那么，它就

① 傅国亮．每一所学校都是潜在的特色学校［J］．人民教育．2009（3－4）：20－22

应该有稳定性。特色一旦形成，就应该相应地稳定下来，既有长远规划，又有短期安排，一年一年地，一届一届地，一代一代地传下去，而不是换一届领导变一个花样，而应该成为一种优良传统，一种好的作风，不断地向深度和广度进军，这样的特色才会更鲜明、更优质。学校特色的形成和发展是一个长期而艰巨的过程，是一个复杂的系统工程，不是一蹴而就的。

学校特色的稳定是相对的稳定，而不是绝对的静止不动。从某种意义上讲，学校特色是一个与内外环境相适应，与特定时空相联系的动态概念，是一个动静结合体。只动不静，形成不了特色；只静而不动，发展不了特色，甚至会因为缺乏活力而“褪色”消失。

所以，办学特色既有其绝对的一面，也有其相对的一面。从绝对意义上说，办学特色一定要有独特性，即区别于其他学校的行为或表现；同时，它又是优秀的、突出的和领先的。从相对意义上说，办学特色在空间和时间范围上有比较性的限定。从空间范围来看，一所学校的办学特色可以是一个学区、一个县的学校群体范围内比较出来的特点；也可以是一省、一国范围内表现的“独胜”之处；还可以跨出国界独占鳌头。正因为如此，在几所学校的小范围内可称为特色的东西，在更大的范围内就不一定是特色了，因为没准儿已经有其他学校走在他前面了，特色是相比较而言的。当然，这并不否定一所学校在小范围内办有特色，因为它毕竟突破了自身及小范围内同行的局限，创造出了新经验。从时间范围来看，一所学校的“特色”声誉会随着时间的流逝而减弱。因为它所创造出来的特色会被其他学校所效仿，特色不“特”了。即使不被效仿，一个耳熟能详的老“特色”，在人们心目中也会逐渐暗淡。所以，“特色”要不断创新。[①]创建学校特色永远都是现在进行时！

（三）学校特色的优质性特征

学校特色不是天上掉下来的，其形成和发展需要一定的环境和基础。优质性是独特性的基础，是独特性形成和发展的环境和土壤，它决定着学校特色的档次，离开了优质性，独特性就成了无源之水，无本之木，就缺乏生命力；独特性是优质性的外显，它是优质性这块肥沃土地上结出的硕果，进而又不断激活优质性使优质性保持活力，点面结合，整体优化，两者相互促进，相得益彰。

学校特色的优质性与独特性的关系主要表现在两个方面；一是学校特色本身的先进性、科学性；二是办学育人整体水平有一定的质量，够一定的档次。学校特色从它的孕育发端到成果显示，要符合教育规律，要顺应时代潮流，要有理论的依据，要有推广的价值，否则特色就缺乏生命力，难以让人信服。

特色学校不仅是有个性的学校，而且也是成功的学校。这些学校一般治校有方，教学得法，英才辈出，即体现了办学有特色，教学有特点，人才有特长，学校享有很高的社会名望，随着办学效果的扩展，慕名而往者络绎不绝。这类学校办学有较大的自主权，在办学传统上具有鲜明的共性和独特的个性，注意全面倡导各显特色的校训；认真执行严明的规章制度；充分重视基础知识和技能的训练；悉心进行生动、扎实的教育科学实验；深入拓展丰富、多彩的课外活动领域；尽心形成久于其任的领导核心；着力建设稳定、精良的师资队伍；讲究运用简捷、高效的管理模式。故 20 世纪二三十

① 高洪源．如何创办特色学校（上）［J］．中小学管理．2000（4）：24－25

年代一些办得颇具特色的著名中小学，实为我国普及教育奠定了坚实的基石，成为人才成长的摇篮。①

衡量一所学校是否有特色，不仅要看它特色项目的成绩，而且要看它的整体办学水平。许多有特色的名校，其学校教育质量的总体水平都相当高。如果一所学校仅仅在特色项目上成绩优异，有几个尖子学生，而总体办学水平低，校风校纪很差，教育教学质量很低，那就是以牺牲学生的全面发展为代价来发展“特长”，这种仅仅停留在特色项目上或用“特色”代替其他的做法，不值得提倡。

【案例2－2】

精英摇篮，绅士文化——独具特色的伊顿公学

英国私立男校伊顿公学（Eton College）是一座古老的学府，由亨利六世于1440年创办。伊顿以“精英摇篮”、“绅士文化”闻名世界，也素以管理严格著称。学生成绩大都十分优异，被公认是英国最好的中学，是英国王室、政界经济界精英的培训之地。这里曾造就过20位英国首相，培养出诗人雪莱、经济学家凯恩斯等杰出人才。伊顿每年250名左右的毕业生中，70余名进入牛津大学、剑桥大学，70%进入世界名校。

有“财”，有“才”，才能上伊顿

伊顿过去是贵族学校，世家子弟出生后即要注册。现在，学校里的贵族所剩无几，所以“贵族”实际已变成“昂贵一族”的代称。伊顿属于私立学校，原则上是面向公众招生，但要符合“财”、

① 钱源伟．略论二三十年代中国著名中小学的办学特色［J］．上海师范大学学报．1991（2）

"才"二字才行。一个学生每年两万多英镑的学费（包括住宿费），令许多家庭望而却步。因此，每年报考伊顿公学的学生也就是1 000余名，通过严格考试和面试后，录取250多人。

报考伊顿也是有条件的。私立小学的优秀学生是主要生源。私立小学与伊顿一样，也是条件好、学费昂贵，中产阶级家庭少有问津。其次是公立小学成绩特别突出的学生，家长望子成龙有意培养，校方也会给予报考私立中学的建议。海外学生也能报考伊顿。伊顿公学曾是英国殖民地上层家庭男孩的首选，从印度王子到阿拉伯王子，人人一口"伊顿口音"，见了面不谈国事，先称兄道弟弄清楚对方在校的年头辈分，以及住在伊顿的宿舍楼和房间号，关系就拉近了许多。伊顿现在虽然有王子头衔、后面跟着仆人的人物少见了，但出身大有来历者仍不乏其人。美国的富豪、亚洲的赌王，都把孩子送到这里。

伊顿校服犹如宫廷朝服，等级分明

伊顿的规矩使它显得处处与众不同。不论你是权贵之后，还是富贾世家，进了伊顿都得遵守校规，所有学生一律平等，谁想颐指气使，就等于自讨没趣。

严格的着装是伊顿的校规。伊顿公学为不同职位、不同等级、不同荣誉的获得者设计了不同着装。伊顿的校服类似绅士的黑色燕尾服，白色衬衫、圆领扣、黑色的马甲、长裤和皮鞋。这套行头就要700英镑，加上配套的成打衬衫、领带等，装扮一个伊顿人，至少要好几千英镑。在黑色燕尾服中，有一些带披风的，那是国王奖学金获得者的标志。有些穿不同颜色马甲的，是伊顿5年级的"明日之星"，他们是从所有获奖者中选出的佼佼者。如果配有银色扣子，则代表最高级别的优秀学生，他们有权参与学校政务。通过这些日常服饰上的变化，突出竞争中优胜者的地位，使他们理所当然地鹤立鸡群，让学生充分体会优胜者的优越感、荣誉感。

校长、教务长、舍监和各学科负责人，也有不同的黑色学袍，稍微正式的场合，学袍一穿，犹如宫廷朝服，也是等级分明。

伊顿的教学特色

伊顿学生现在也参加英国中学的GCSE和A-LEVEL水平考试(升入英国名牌大学的主要途径)，成绩几乎都是优秀。伊顿教学质量高源于三个方面：

一是高质量的教师。名师出高徒，伊顿也认这个理。伊顿的教师很多是博士、专家，其中不乏牛津、剑桥毕业的伊顿校友。当然，伊顿选择的教师首先必须热爱学生。

二是独特的教材。伊顿也用为中学统考编写的教材，但他们只用一半时间就教完了。余下的一半时间，由系主任自己选择增添其他教材。每年9月开学时，各系主任已制订好独特而细致的教学计划，发给每个老师和学生，学生还可以在计划之外再选学更多的知识。因此，伊顿学生除了参加统考外，还多一项“伊顿考核”，每年12月进行。它比中学统考要难得多。伊顿学生几乎都能通过统考，却不能保证都通过伊顿考核。如果不幸几次没有通过伊顿考核，孩子就必须转学了。同时，伊顿考核在校内决定着下一学期的分班，在升学时，如剑桥国王学院等，会更看重伊顿考核展示的学生质量。

三是“分班制”教学法。考入伊顿的学生基本都是尖子，但不等于每个学生的天分、特长、爱好都一样。“分班制”就是为了避免成群教育的粗略。学校从每个学生考入伊顿的第一个成绩起，在英语、数学、法文等每一学科下分别分出等级（班），一般为14级，较小的学科相应减少。它与笼统的快慢班不同，一个学生不是被笼统地归在快或慢的班里，而是每一科在不同的班级里。如进入第一班的学生，即证明他在该科目上已经有了超强的天分和能力，教师要给学生充分的自我学习机会。而14班则相反，证明学生在该项目上天赋和能力较弱，缺乏自学能力。老师就要加倍细致、耐心，有时要一对一地个别辅导。

对学生而言，不会因为被划入“低班”而自暴自弃。因为一个学生这科在14班，另一科可能在1班，其间的差异，显示出自己的优势，同时产生的是“向自己看齐”，让自己“全面优秀”的动力。同学之间也会注意到每个人各有千秋，你是“数学天才”，我是“文学博士”，增进互相尊重和友谊。每年通过伊顿考核，前几名会升入更高班。每次“提升”班级，学生都得到更上一层楼式的鼓励，增强了学生的自信心。

伊顿的奖学金

伊顿的奖学金分为两种：“国王奖学金”（简称KS）和“欧彼德奖学金”（简称OS)。国王奖学金获得者可免5年学费，全校有70名，每年级14名。每年入学的新生中，只有得到私立小学校长推荐的100人有资格参加竞争。获得国王奖学金的男孩不仅增添一件潇洒的披风，还有其他高人一等的待遇：搬出普通宿舍楼，住进学校中心庭院的“老校舍”，在专用餐厅就餐。据说，那里的有些食谱，沿用的是16世纪宫廷的烹调方式。

如果说国王奖学金代表着入学时的佼佼者，欧彼德奖学金则标志着在伊顿竞争中的优胜者。欧彼德奖学金年年颁发，3种情况可以获得：一是，已获得国王奖学金，但不喜欢在“金丝雀笼子”生活的学生，可以申请自动转换成欧彼德奖学金，搬回到原来的宿舍楼。

二是，每年全校各项考试中成绩最优秀的13名学生可获得“卓越者”荣誉，连续3次或累积4次成为“卓越者”，可以获得欧彼德奖学金。三是，由于某种特长，校长特别授予欧彼德奖学金。这是一种纯粹的学术荣誉，没有奖金，也没有披风。

在伊顿的最后一年，从各种获奖者中精选出20人为“明日之星”，名为“POP”，他们的马甲可以是自己选择的颜色。当年威廉王子就曾是“明日之星”，他的马甲是一面英国国旗。

伊顿培养学生的责任感

很多人一说绅士就想到礼仪课，伊顿确实有礼仪课，但只是很短时间的选修课，大部分家教好的学生也不需要上。

初入伊顿，学生只是13岁的小男孩，离开伊顿的是18岁的谦谦君子。他们在伊顿的5年完成的是生理、心理、知识、体能、思想和社会责任感的全面成长。伊顿的校规严格，却不痛苦。比如，一年级学生入学，有10%～20%是没有集体生活经验的家中宝贝，校方的第一个措施是，家长前三周一律不准探望，要把娇生惯养的公子哥“扳”过来！在不准你留恋父母温情的同时，学校给你同学之间、师生之间的集体的温暖。学校还把各种娱乐、体育和业余生活等安排得满满的。每天长知识而又有趣的活动之后，男孩们还没来得及想家，就已疲倦得呼呼大睡。有些家在香港的学生，直到第三周结束才突然想起父母。

学校的宿舍是学生们的新家，每座宿舍楼是一个集体，从一年级到五年级约50多人，除了上课之外，起居、餐饮、体育、娱乐活动都以宿舍楼为单位。伊顿学生几乎每天下午都有体育运动。其中，伊顿划船赛的礼仪优雅浪漫，“伊顿五人”、墙赛、田野游戏赛等伊顿的特有运动勇猛粗鲁。在游戏般的体育运动里，男孩们不仅锻炼体魄，而且能形成同学之间的互相尊重、团结、合作、集体责任感和荣誉感。同时，高年级同学的言谈举止也是低年级同学的榜样，伊顿的良好校风、礼仪，就这样代代相传。

每年6月4日伊顿公学的颁奖典礼这一天，青少年个个穿上黑色燕尾服，胸前衣领饰孔上缀着蓝色康乃馨或牡丹，引领学生家长检阅学习成绩展览，出席感恩崇拜，然后观看伊顿船队在泰晤士河上游行的盛况。这个从1793年便有纪录的船队游行，通常在清晨阳光升起时开始。每艘船上坐着八个身穿白裤、条纹衬衫、头戴缀满玫瑰或紫丁香帽子的少年。他们在沿岸奏着“伊顿船歌”的伴随下，缓缓划行。参加校庆的，常常有议员、贵族以及著名的毕业生。有时候，女王、亲王、王子们也来参加盛典。尽管经过了500多年的风霜变迁，但是校园风光依旧，古老校舍仍然巍然耸立。时至今日，伊顿依然以严格的教学以及教学质量优秀而著称。在校园里，人们经常可以看到学生们穿着19世纪的绅土服装，在绿草如茵的草坪上打木球。

【点评】

伊顿公学以“精英摇篮”、“绅士文化”闻名世界，也素以管理严格著称。伊顿公学招生苛刻，优中选优，管理严格，培养目标明确，课程教学精致。伊顿公学创校500多年，有些独具特色的做法一直坚持到今天。伊顿的办学实践充分体现了学校特色的独特性、稳定性和优质性。

三、学校特色的类型

学校特色之所以能够“特”起来，就在于它的多样性。学校特色如果是单一的“面孔”，也难以称之为“特色”。学校特色之花开遍祖国大地，呈五彩缤纷之势。尽管难以穷尽和罗列完毕，但可以通过分类来进行归纳和分析。分类的标准不同，所描述的特色类型也就不同。

孙孔懿先生把学校特色的类型分为五种：体现在办学上的特色、体现在教育上的特色、体现在教学上的特色、体现在课外活动上的特色、体现在管理上的特色。[①] 葛路谊按照“以事为标准”和“以人为标准”把学校特色分为两大类。“以事为标准”的学校特色有：办学特色、教学特色和管理特色。“以人为标准”的学校特色有：教师特色和学生特色。[②] 深圳市中小学首批素质教育特色学校有六种类型：德育工作特色学校、体育工作特色学校、艺术教育特色学校、科技教育特色学校、课程改革特色学校和校园文化特色学校。英国特色学校的名称很具体：艺术特色学校、贸易与企业特色学校、城市技术特色学校、工程特色学校、人文特色学校、语言特色学校、数学与计算特色学校、音乐特色学校、运动特色学校、科学特色学校、技术特色学校、综合专业特色学校等，并且有不同的标志。[③]

这些理论研讨和实践探索很具有启发性。然而，究竟按照什么标准和方式分类才更趋于合理呢？学校教育是培养人的活动。这一活动至少关涉这样一些基本问题：培养什么样的人？用什么培养人？怎样培养人？谁来培养？培养谁？如何把这些相关因素协调安排好？这就涉及到“教育目标”、“教育内容”、“教育方法”、“教育者”、“受教育者”、“组织管理”等一系列的要素，也就引出一系列的特

① 孙孔懿．学校特色论［M］．北京：人民教育出版社．1998：77－112

② 葛路谊．我国中小学特色发展战略研究［D］．华中师范大学．2008：11－14

③ 王瑄．英国特色学校政策研究［D］．首都师范大学．2004：27－28

色类型：由教育目标引出育人目标类特色，由教育内容引出育人内容类特色，由教育方法引出育人方法类特色，由组织管理引出育人管理类特色。①

（一）育人目标类特色

作为培养人的学校教育活动，首要的问题是培养什么样的人的问题。这是一切学校教育改革的出发点和归宿点。我国的教育方针是把受教育者培养成为德、智、体等方面全面发展的社会主义事业的建设者和接班人。很多学校遵照教育方针的基本精神，依据当地经济建设、社会发展和学生的实际情况，确定本校的育人目标，牵一发而动全身，达到优化全局，形成学校特色的目的。

如，上海市建平中学将学校育人的目标确立为“合格加特长”。所谓合格，是指建平中学的学生在德智体美劳“五育”和谐发展，但不必每一门功课都达到优良水平，只要符合本校的基本要求即可。所谓特长，是指学校注重发展人的个性，注重培养学生兴趣，发展学生特长，使学生在各个方面都达到基本要求的前提下学有所长，人人具有自己在学科学习、课外活动或社会工作等领域的特色和特长。又如，南京市琅琊路小学把培养“小主人”作为育人目标引发学校特色建设。他们以学生为主体，抓住“主人”（学生）这个核心，采取各种措施，积极引导学生主动参与教育教学活动，教育学生做“生活的小主人、学习的小主人、集体的小主人”，使“小皇帝”、“小公主”一个个变成全面发展的新人，形成了独特的“小主人”教育特色。

① 闫德明．现代学校管理学［M］．北京：人民教育出版社．1999：166－167

（二）育人内容类特色

教育内容涵盖面比较广，一般说来，德育、智育、体育、美育和劳动技术教育是基本教育内容。有些学校“五育”并举突出某一“育”，抓住某一“育”作为“突破口”，对学校实行整体优化，形成了鲜明的特色。

1. 德育特色

很多学校非常注重德育，以抓学生思想道德品质教育为突破口，创建学校特色。例如：有的学校建立了学校、社会、家庭立体化德育网络，坚持一体化教育，使三支力量形成合力，坚持大德育观，形成了社区德育特色。有的学校注重优化校园文化环境，使校园变成乐园，让学校中的一切事物都说话，让学校的每一个地方、每一件事物都起到教育学生的作用，寓“有意”于“无意”之中，让学生的道德情操在潜移默化中得到陶冶，形成德育环境特色。有的学校注重弘扬中华民族传统美德，努力构建有本校特色的组织文化，从而形成特色。有的学校注重养成教育，从严格日常行为规范入手形成本校的德育特色。有的学校根据青少年身心发展规律，从德育目标、计划、内容系列化入手形成本校的德育特色。这就是说，如何形成德育特色，其途径、方法又不相同，是特色当中有特色。

2. 智育特色

智育是教育者通过多种途径使受教育者掌握知识、发展智力、培养能力的一种教育活动。智育不等于教学，但主要是通过教学活动来进行的。“智育特色”就具体内容而言主要是指“课程与教学特色”。“十年动乱”期间，批“智育第一”，批“白专典型”，使人们谈“智”色变。实际上，重视智育，优化课程结构，提高教学质量，是学校的中心工作，是素质教育的主战场。很多有特色的重点名校正是因为课程改革和质量优良而引人注目，他们在课程改革和教学管理工作中积累了经验，形成了一套自己的独特方法。有的学校在教学评价方面有一套，有的学校在教学研究方面够精彩，有的学校在课程改革方面办法多，有的学校某门学科很突出（拥有拳头学科），有的学校在特长培养方面措施灵，有的学校教学方法很先进，有的学校在教学手段方面够现代，等等。

3. **体育特色**

很多学校都有自己的体育传统项目，如：篮球、足球、排球、乒乓球或某种田径、棋类项目突出。如，广东省江门市伦文钜小学突出乒乓球项目，坚持“以球育德，以球益智，以球健体，以球炼志，以球养性”的指导思想，促进了学校的发展。又如，广州市沙涌小学开展群众性的“花样跳绳”活动，提出“跳出健康，跳出快乐”，促进了学校的发展。再如，重庆市渝中区大田湾小学，坚持传承足球精神，1993 年被国家体委和国家教委命名为全国足球重点学校。坚持“分段要求，循序渐进，以点带面，普及提高”的思路，逐步成为深受学生、家长和社会欢迎的“足球摇篮”。这些学校的共同特点就是：以某项体育项目为“拳头”产品，坚持开展群众性的体育锻炼，并带动全局优化，促进了学校的全面发展。

4. **美育特色**

美育的形象性、感染性和愉悦性能有效地调节学生心理，使之淡化厌学情绪，激发学习积极性，调动非智力因素，发展身心潜能。很多学校正是基于这一点，以美育为引线，以美渗德，以美促智，以美强体，进而牵动全局，形成了学校的美育特色。这类学校为数不少。例如：深圳市南山区海滨小学的“以美启真，全面实施素质教育”。他们分三步走：第一步，艺术教育在课外活动的时间内全面展开，使它真正成为全体师生的共识与行动，并以此创设整个校园的艺术氛围；第二步，以艺术教育启动教育艺术，将艺术教育的形式引入课堂教学，彻底改革陈旧乏味的教学方式，使教育体现艺术的魅力，全面提高课堂教育质量，让儿童在生动活泼的课堂教学中掌握知识、学会技能、陶冶情操；第三步，加大艺术教育含量，改革现有课程结构，建立起适应全面实施素质教育要求的课程模式。在实施三步走的同时，通过定时间、定内容、定地点、定项目以及定人员，抓好硬件和软件建设，取得了令人瞩目的成绩。①

5. 劳动技术教育特色

劳动与技术教育是一个综合性强，与社会实际、当地生产实际以及学生生活实际联系紧密的基础性学习领域。一般以当地的经济、社会和技术环境为背景，在现实生活中选择那些对学生发展有益、对未来生活有用、与科技发展有关的内容，综合运用已有的语文、数学、科学、社会、艺术等学科的基本知识，同时融合经济、环境、法律、伦理、心理与健康等方面的教育视野，以学生的亲历实践、手脑并用为特征，设计和实施劳动与技术教育活动。如，北京市育新学校的“木工制作”劳技课程已经有十几年的历史了。该校初一、初二开设专门的劳技课程，还有专门的课外小组进行各种制作活动，学生作品屡获奖项，成为门头沟区“劳动技术教育示范校”。

① 李陶．以美启真，全面实施素质教育［J］．中国教育学刊．1997（6）

（三）育人方法类特色

“育人方法”是一个“如何培养人”的问题。方法是一个体系，是一个由众多要素相组成的有机整体。对于方法的研究，分类的角度不同，所描述的方法就会不同。有的“育人方法”属于思想观念层面，虽然不是一种解决具体问题的策略，但它是教育教学过程中的指导思想、价值取向，如某一种主体教育思想就属于这一类。有的“育人方法”属于技术途径层面，它是一种解决教育教学过程中具体问题的策略，如某一种教育实验、某一种教研教改就属于这一类。这两类“育人方法”是相互依存的，正是“你中有我，我中有你”。

教育思想是一种观念上的、高层次的、带有指导性的育人方法。有些校长在长期教育实践中，通过不断的学习和思考，逐步形成了自己独特的教育思想，并且在学校管理、教育教学过程中实践自己的教育思想，进而形成了学校的某种特色。1980 年以来，在我国教育改革的实践过程中，涌现了不少促进个性发展的、有特色的教育思想，其中重要且有较大影响的有：成功教育、愉快教育、养成教育、生本教育、赏识教育等。也有的学校联系本校实际，实践某一教育家的主体教育思想，从而形成某一教育思想特色。例如，有的学校实践陶行知的教育思想，打“陶牌”，形成了特色。又如，有的学校实践苏霍姆林斯基的教育思想，办“苏霍姆林斯基实验学校”，形成了特色。再如，有的学校实践加德纳的“多元智能”思想，创办“多元智能实验学校”，形成特色。

也有些学校一个教师或几个教师，对一门学科或几门学科，对一种教学方法或几种教学方法展开试验，通过教研教改带动全局，形成了自己的特色。如，有些学校数学科组开展卢仲衡的“数学自学辅导教学法”实验，有些学校语文科组开展钟德赣的“反刍式单元教学法”实验，有些学校英语科组开展张思中的“十六字外语教学法”实验，等等。近些年来，一些学校从重视“教案”的编写到重视“学案”的改革，倡导“先学后教，当堂训练”，强调“有效教学”，要求“堂堂清、日日清、周周清”，等等。这些教学方法的改革和实验极大地促进了学校特色的形成与发展。

（四）育人管理类特色

从某种意义上讲，学校管理就是对学校组织系统内外诸因素进行优化组合从而高效实现育人目标的一种活动。学校管理活动渗透到学校的每一项工作，每一类学校特色的形成，都与管理密切相关。当前，一些学校在选择学校特色的突破口时，常出现一个偏差，即只重视学生教育领域，如德育、智育、体育、美育、劳动技术教育特色等，而忽视育人管理方面的特色。“体艺类”的特色特别多，“管理类”的特色特别少。其实，育人管理类特色是学校特色中的重要方面，诸如“教师专业发展”、“学校后勤社会化”、大规模学校背景下的“以年级组为实体的管理模式”、“书香校园”、“学校规范体系的建立与完善”、“学校、家庭、社区合作”、“学校形象传播”、“学校视觉环境的设计与营建”等，都可以成为学校的“亮点”和“精彩之处”。如，广州市培正中学创办于 1889 年，是一所百年名校，其校友资源的开发与管理独具特色。该校每年新生入学和新教师入职，第一课就是爱校教育，务必使人人知校史、明校训、唱校歌。培正的校友按“级社”建制，从 1920 年延续至今。每届学生从小学五年级起便成立级社，拥有社名、社徽和社旗，一直伴随学子们读完高中，走向社会。在校时，级社组织球队、剧社、乐队等课外活动，毕业后也仍然作为联络同学的机构而一直存在。年年都举行校庆，其重头戏有两个：一是“加冕、祝寿”，即分别为毕业25周年、50周年、60周年的校友银禧加冕、金禧祝寿、钻禧祝寿。二是“薪火相传”仪式，即每个级社选一名代表，一把熊熊燃烧的火炬从最年长的老校友手中依次一届届传递下来，一直传到初一、小学五年级学生的手中，象征着培正百年来引以为豪的“红蓝精神”得到传承和发扬。

【案例2-3】

杜郎口中学的“课堂革命”①

没有讲台；教室里除了一面墙是玻璃窗外，其余三面全是黑板；老师在课堂上只准讲十分钟，讲多一分钟都要挨罚；上课的时候，学生或坐或站，吵吵嚷嚷，像个集市；老师领着头，有人躺着学书中的人物，有人用笤帚当剑边舞边唱……

有谁想象过这样的课堂？

但就是这样的一种课堂，让一个濒临撤并的农村中学在去年的中考重点录取中报名268人考上了267人，也让一个个害羞内向的农村孩子在生活中大胆活泼而充满了无尽的活力。

谁动了我们的快乐课堂？

杜郎口中学，这个偏居鲁西北山东省茌平县的一个普通农村中学，不管从哪个角度看似乎都让人很难相信它已经成了当前基础教育改革的一个“热点”：偏僻闭塞，地处彻底的农村，周围都是大片的田地，连只砖片瓦都没有；设备简陋，不用说许多学校的基本配置——现代化的设备如多媒体教室、视听教室等，就是像样的用来

① 陶继新，徐启建．去哪里寻找我们的理想课堂［N］．中国教育报．2006.3.22．第3版

上公开交流课的音箱都没有；师资力量薄弱，学校老师正规师范本科毕业的很少，专科毕业的较多，甚至中师毕业的也占有相当可观的比例……

有两个事实可以说明改革之前的杜郎口中学的“教育状态”：初中三年级一个曾经有60名学生的班，中考前只剩下了11名学生；全校一年升入重点高中的学生仅是个位数。而最为重要的是初中3个年级每班有一半的学生跟不上教学进度，厌学思想严重，辍学现象时有发生。新上任的校长崔其升对辍学的学生进行了跟踪调查，发现他们辍学的主要原因不是家庭经济困难，也不是家庭发生变故，而是他们感到学习困难，不愿在学校“活受罪”。一些学生家长更是告诉崔其升：“孩子在学校混了3年，痛苦了3年！”

老师本来应该是受人尊重的传道者，现在竟然沦落到了“痛苦制造者”！家长的话深深地刺痛了崔其升的神经：“教师把学生看作接受知识的‘灌装桶’，课堂由教师一统天下，学生像被驯服的小绵羊，只能被动地接受教师传授的知识。这些究竟给教育带来了什么？给孩子带来了什么？既然‘满堂灌’没有好的效果，我们能不能改？我们该怎么改？”

让课堂上的教师先活起来

1998年暑假之后，杜郎口中学教育教学改革拉开了帷幕，校长崔其升烧起了他的头三把火。崔其升的第一把火是量化指标。崔其升决定将课堂教学评价作为改革的突破口，将好课的评价基点定位于学生的动。为此，学校制定了3条量化指标：一是课堂气氛要热烈、和谐、民主，学生敢问、敢说、敢爬黑板、敢下桌讨论，形成一种积极主动，争先恐后，紧张活泼，读、说、议、评、写贯穿始终的课堂学习环境。二是课堂形式要多样。采取各种各样的学习方法，调动学生的积极性，男女生竞赛、曲艺节目、讨论辨析、小品表演、擂台比武等，都可以堂而皇之地走进正式课堂。三是学生参与人数多、密度大，力争做到人人有份。这是课堂教学改革成功与否的关键。学校通过比例量化考评成绩，以参与人数除以班级人数的比例高低衡量教师教学成绩的优劣。量化指标的评价触动了教师的灵魂，他们开始思考一种前所未有的行动——由原来注重教师单独的教转移到关注学生自己的学。

崔其升的第二把火是上好“三课”。虽然有了量化指标的规定，但许多教师依然心存疑惑：我们这么苦口婆心地讲，学生怎么还学不好呢？要让学生动起来，自己少讲，恐怕更是“玩火”。许多教师玩起了“捉迷藏”：不让明讲，就偷着讲；不在讲台讲，就在台下讲。况且对于杜郎口中学绝大多数教师而言，新的课堂教学还是一种前无古人的幻影。究竟什么样的课才是改革课？若没有引领与实践，恐怕依然在教师的心里难有一个清晰的思路。为此，崔其升通过上好示范课、过关课和跟踪课等“三课”，让全校教师一步一步向课堂教学改革之路上逼近。

崔其升的第三把火：“一谈二警三停”。在上好“三课”的同时，“一谈二警三停”的相应惩戒措施也在实施。所谓“一谈”，就是第一次课堂不达标者，崔其升先与其个别谈话，谈课堂要求，谈教师角色，谈学生表现，谈课堂程序，谈教改意图等，指出问题所在，点明改革方向。所谓二警，就是第二次再不达标者，要在学科组会上予以警告。所谓三停，就是如果第三次还不达标，让该教师停课一周，专门听优秀老师的课，研读教改理论，学习组织发动学生的方法，由业务主任作专题辅导等。

三年的改革尝试，不仅使学校摆脱了被撤并的困境，而且结出了令人欣慰的果实。到2001年秋，一向在全县中考倒数第一的杜郎口中学，已经步至中游地带。更为重要的是，教师的改革意识大大增强，学生自主学习的积极性越来越高，课堂一扫往日的沉闷与单调，澎湃激荡起改革的活力与生气。

只准讲10分钟的课堂

2001年秋季，国家课程改革在一些地区的推展，给了在改革之路上摸索的杜郎口中学以极大的鼓舞。以前所进行的许多教学改革举措，与新的课程改革的理念不谋而合；不少教育教学改革探索上若明若暗的东西，通过对新课程理念的学习，也豁然开朗。这使崔其升更加坚定了一个信念：继续改革，向深度开掘，使杜郎口中学再度飞跃。崔其升首先开始的是更大规模的课堂教学改革动作。如果说以前的课堂教学改革是牛刀小试的话，此后的改革则是“大动干戈”。他的大动作主要是“课堂时间采用‘10+35’模式”和“取消讲台，让学生动起来”。

教师在课堂上以讲为主似乎已经成为习惯，即使明晓了调动学生主动学习的重要性之后，仍然还会因为“惯性”而滔滔不绝地讲解。为此，2002年秋，崔其升对课堂时间作出“10+35”的硬性规定，即教师所讲时间等于或小于10分钟，尽量减少知识性语言，或者说完全不涉及对教材内容的陈述。学生自主活动不少于35分钟。教师只要在一节课上讲解超过10分钟，即被判定为失败课。从形式上看，只是把一节课的时间重新分配了一下，可教学理念却有了一个质的变化。

老师们的思想也是慢慢才通的，其间学校领导甚至采取了一定的强硬措施。但教师一旦从思想之通走上实践之路以后，便出现了崔其升所期待的“学生动起来，课堂活起来，效果好起来”的教学景观，“自主课堂：我参与，我快乐；自主学习：我自信，我成长”也就变成了现实。

崔其升认为，老师不认可改革不行，认可了不做也不行。没有得力措施的约束，课堂教学改革就不能真正实现。所以，强调教师可以发现知识，总结规律，做学生中的首席；但不能硬性灌输知识，做课堂的主宰。

课堂是教学改革的主阵地，如果不在这里“大动干戈”，就很难在短时期内触动教学改革的命脉。而同时，改革“杀气”的背后，既是对教师教育教学观念的猛烈冲撞，也是对学生生命成长的极大关注。

没有讲台的教室

“取消讲台，让学生动起来”更是大胆创新之举。

2004年秋天，在长期的听课研究中，崔其升发现一个不为人们注意的现象，就是教师一站讲台，往往自觉不自觉地就找到了以前独霸讲坛的感觉，情不自禁地多讲起来。这无异于对学生的自主学习形成影响。他认为，只要学生通过探索可以学会的东西，教师都不要讲。所以，他提出了取消讲台的大胆设想，而且随之付诸实施。

这样一来，教室前面的讲台没有了，师生同在一方空间，同处于一个平面。每个班级都有一幅自己的标语：“我参与，我成长，我快乐”；“课堂大舞台，人人展风采”；“新课堂，我主张”；“我的课堂我主宰，我的人生我把握”。如此，等等，写出的是学生那份走向课堂教学主人地位之后的雄心壮志，以及一展才思的无限快乐。其他方面的变化更是令人惊奇：教室前后及背光面三面都是大黑板，教室中间是纵向排成的三排课桌，学生分组排位，对面而坐。而且课堂形式多种多样，甚至五花八门，“台上”学生或表演、或辩论、或唱歌、或讲解、或朗诵，小品、课本剧、诗歌、快板、歌曲、绘画、小组展示等多种形式交相辉映；“台下”学生或蹲、或站、或坐、或跪，地上、课桌上、板凳上挤成一团。学生的发言几乎不用举手，站起来就说，说完自己坐下另一个接着说。由于学生的参与热情很高，常常会遇到两个人甚至几个人同时站起来发言的情景，这时老师也不调解，学生同时说上一句半句的，就会有人让出来。这样的课堂没有老师的呵斥和监督，没有老师的“谆谆教导”，这里的课堂完全是学生的舞台，其精神之抖擞，精力之集中，思维之活跃，令所有步入课堂的听课者都为之激动不已。

教改“效益”的长短线

杜郎口中学的课堂教学改革给课堂这个教育行为的根基所在带来了巨大变化。一是学生学习态度要由“供应式”向“超市式”的转变，课堂教学由一言堂变成了百家争鸣，学生由精英式的学习变成全员式的参与。学生充分发挥在知识学习中的自主选择性，从哪些材料中学习，学习什么，由自己作主。这一转变改变了学生被动接受、老师教什么学生学什么的习惯。二是教师教学由“注入式”向“发动式”转变。教师在课堂上要“相信学生、利用学生、发展学生”，不能唱独角戏；要由“讲”到“动”，使课堂成了“快乐享受的地方，不是被动接受、枯燥无味的看守所”；要打造“艺术课堂”，让学生“享受快乐”。三是课堂内容由“纯知识型”向“能力、情感、价值观”转变。课堂学习要由知识生成能力，由知识生发情感，培养学生正确的人生观和价值观。

在现实层面，这种课堂的变化带给杜郎口中学最为明显的“效益”显然就是学生升学率的惊人变化和学校考评成绩的巨大改观：去年中考，全校报考重点高中茌平一中的268名学生有267名被录取；杜郎口中学这个曾连续10年考核全县倒数的学校，自2002年始，每年综合考评都在前3名。

而这些还都不是最为主要的，这些只是杜郎口中学教改的“短线效益”。杜郎口中学教改最最重要的是它改变了许多学生的“生命形态”，让他们的人生因此而变得更加充满了实现自我价值的可能性。这是这场轰轰烈烈的课堂教学改革的最值得尊敬的“长线效益”。

刘晓晓是初中二年级的一名女生。去年10月，省教育学会常务副会长马钊率领省教育科学研究所、省教育学院、聊城大学等单位的数十位领导专家来杜郎口中学调研。下课铃响过，已经走出教室的马钊，突然被从后面赶上来的刘晓晓叫住，“老师，我采访您一下好吗?”刘晓晓的这个大胆举动，不仅使马钊一愣，其他的听课者也好长时间没有回过神来……

刘晓晓说：“其实，我原来是一个性格非常内向的女孩，不愿和家长交流，也不愿和同学、老师交流，只愿意一个人坐在那里发呆。自从升入初中，在这种教学模式的培养下，不但性格开朗了，喜欢抢着回答问题了，而且学习成绩也直线上升，由过去的下游到保持在了班内前一二名，还非常愿意和别人交流。那天向专家提出要采访，我自己也不知道怎么回事，只是看着他很亲切，很有风度，所以愿意和他多交流。”

有个叫刘英的学生，从小父母离异，跟着年迈的奶奶生活，特殊的家庭背景，使她养成了怪异、孤僻的性格。可是，自从升入初中以后，在这种开放教学模式的熏陶感染下，她的性格和学习成绩都发生了巨大变化，不但非常爱说话了，还特别有责任心，有集体荣誉感，对班里的事情特别关心，同学们都亲切地叫她“编外班长”。

李楠是个有残疾的学生，这样的学生往往会有自卑感或被同学歧视，但是，在这个学校根本不存在这一点，据他的任课老师讲，每次展示课上，他抢答的次数最多。

……

如果不是开放的课堂，不是开放的校园，我们能轻松地改变这些孩子吗?

【点评】

杜郎口中学的特色就是“课堂教学特色”：“没有讲台；教室里除了一面墙是玻璃窗外，其余三面全是黑板；老师在课堂上只准讲十分钟，讲多一分钟都要挨罚；上课的时候，学生或坐或站，吵吵嚷嚷，像个集市；老师领着头，有人躺着学书中的人物，有人用笤帚当剑边舞边唱……”有谁见过这样的课堂？但就是这样一种“革命性”的课堂，让一个濒临撤并的农村中学发生了翻天覆地的变化。这就是“以点带面”、“以核心带动全局”的特色发展战略。

【案例2－4】

满园尽染书墨香[1]

珠海市拱北小学着眼于学生的终身发展，秉承“以学生发展为本，立足六年，辐射六十年”的办学理念，以“书香校园”为创建学校特色的突破口开展了一系列扎实而富有创新的读书活动，全面

① 资料来源：严红校长在校长论坛的发言稿。

提高了教师和学生的综合素养，提升了学校整体办学水平。

一、从环境入手，给师生文化熏陶

为了激发学生的阅读兴趣，我们在校园环境建设上科学布局、精心设计，努力营造书香氛围。

1. 寓意深刻的校园雕塑

走进校园，三本三原色陶铸的大书矗立在眼前，书上分别刻画着奔跑的儿童、行队礼的少年、头戴博士帽的青年。这是我们“书香校园”的标志性建筑，从健康、文明、智慧三方面体现我们的办学方针，表达着对学生美好的祝愿：“健康成长”、“全面发展”、“以书为伴”。

2. 随处可读的校园漂流书

校园的生物园、书香园、教学楼每一层楼梯间，随处可见别致的书架，书架上的儿童读物数量多、种类丰富。这些校园漂流书是学生们自愿捐出的自己看过的好书。

3. 视野广阔的走廊文化

为发挥环境育人的作用，让每一堵墙都富有文化，学校教学楼、办公楼、功能楼的走廊全部被利用起来，“珠海名人”、“中国诗词”、“中国历史名人”、“世界发明史”等巨幅喷绘，100 幅中外名人壁挂，生动地向学生展示着历史的骄傲，让师生深受鼓舞。

4. 独具特色的年级图书馆

学校西北面还专门开辟了一座“书香园”，三层的小楼的楼道墙面上挂着竹刻的《四书》、《五经》、《三字经》和《弟子规》。每一个楼梯的侧面都喷绘着有关读书的名言。小楼里设置六个年级图书馆，馆内布置凸显品位，给人一种舒适、宁静的感觉，令学生流连忘返。

5. 借阅方便的班级图书角

走进各班教室，都有一个可藏书1 000册左右的小书柜，其中部分书籍是同学读后带来交流的，其他由学校提供，书柜内的书籍每学期更换一次。孩子们随时可以读到自己喜欢的书。

二、以指导为基础，点亮师生阅读的双眼

1. 学生阅读指导

(1) 阅读指导课。这是我们学校的校本课程，每周一节。通过教师讲解、学生讨论、表演等多种方式训练阅读速度，分析名段名篇，赏析人物形象，点评读书笔记和心得，推荐好书新书，教给学生具体的阅读方法，为他们指导阅读范围。

(2) 编写《拱北小学学生必读书目》。2000年，我校就开展了“新世纪读书行动”，自编了《拱北小学学生必读书目》，推荐给图书馆和每一位学生和家长，图书馆根据书目采购、更换图书，家长根据书目为孩子选购图书，较好地净化了学生的阅读内容。

(3) 每月好书推荐。为了让学生及时了解最新阅读信息，学校与书城联合，开辟了“每月新书推荐”专栏，由书城将每月销量排行前十位的学生读物及最新推出、反响较好的书介绍给学生，为学生及时阅读到最新图书提供了便利。

(4) “十分钟经典电视导读课”。我们借助校园电视台这一平台，于每周二、四下午第一节课前的校园电视时间，开设“十分钟经典电视导读课”：播放古诗词经典朗诵教材、经典动画片、经典赏析等，声形并茂的导读，加深了学生对经典的了解，陶冶了学生的情操，提高了学生阅读古诗词的兴趣和效率。

2. 教师阅读指导

教师工作繁忙，更需要阅读指导。学校行政带头，在教师大会上将自己阅读过的好书、好文章推荐、印发给教师；请中央教科所、广东省教育学院专家给教师作“如何规划好自己的教学生涯”、“教师如何阅读”等专题讲座。推介给教师的书既有专业内的，也有专业外的。许多受到好评的图书，教师人手一册，学校还组织专题沙龙、出读书专栏，沙龙、论坛推荐的好书及教师的有关读书心得、体会都会挂在校园网上，以便互相交流。

三、以活动为支点，激发师生阅读热情

（一）丰富多彩的学生读书活动

1. 活动形式多种多样

（1）开展“校园漂流书”活动。这一活动，在激发学生阅读兴趣、丰富学生读物的同时，也是对学生道德的考量。漂流书的借阅原则是：“自由借阅，自觉归还”，周一至周五放学前，课间在书架附近阅读，上课时放回原处。周五放学时可以借回家，下周一早上带回学校。大队部还成立了“金太阳爱书队”，教育同学们爱护书籍，修补漂流书。“校园漂流书”活动的开展，受到全校师生和家长的热烈拥护和支持，尤其是那些家庭条件有限、读物少的学生，深受其惠。学期末，学校会评选出“最受欢迎漂流书”，予捐赠者以奖励。

（2）举办“读书节”。一年一度的读书节已连续开展五届，该活动是我们学校的盛大节日，是对学生一年来阅读情况的大检阅，是学生展示阅读成果的舞台，一批批优秀学生从各项竞赛评比中脱颖而出。活动总结阶段，各班还要评选出一名课外阅读兴趣浓、知识面广、藏书量和阅读量居全班之首的同学，报学校表扬，授予荣誉称号：五、六年级为“读书小博士”，三、四年级为“读书小硕士”，一、二年级为“读书小学士”。

(3) 评比“阅读之星”。各班定期举行“阅读之星”的评选活动，评比的标准主要有：阅读兴趣高，阅读习惯好，阅读量大，阅读收获多等。获得“阅读之星”称号的同学，由学校颁发奖励胸章。这一活动，加强了班级内学生之间的阅读交流，促进了良好班风、学风的形成。

(4) 评选“书香家庭”。我们把优良阅读环境的建设延伸到家庭，每学期开展“学习型家庭”的评选活动。评选的条件是：要建立“小小家庭图书室”；要有一定的藏书量；家庭成员都要有良好的阅读习惯；每人要达到一定的阅读量。学校电视台还深入到“学习型家庭”制作专题节目，进行正面宣传，极大地鼓舞了全校师生的读书热情。

2. 奖励方式新颖独特

(1) 奖励“图书馆贵宾卡”。在学校少先队开展的以“勤奋学习、遵守纪律、讲究卫生”为内容的遵守日常行为规范的评比中，一部分学生表现优秀或进步很大，我们奖给他们“图书馆贵宾卡”。持卡的同学享有优先借阅权，可以到图书馆的“贵宾室”阅读，可以参加校级的读书活动。

(2) 奖励当年级“图书馆馆长”。各班评选出的“阅读之星”，我们轮流安排他们当一周的年级“图书馆馆长”。在管理过程中，学生提高了能力，更加深了对书的感情，读书的兴趣更大了。

(3) 奖励当班级“图书角管理员”。在班级活动中表现突出的同学，各班有计划地安排他们做班级“图书角管理员”，负责每天的新书推介、课前3分钟“读书脱口秀”、课间阅读等活动。

(4) 奖励课外书籍。对每学期评选出的“最受欢迎的漂流书”的“主人”，“星级少年”，优秀少先队员，运动会上的优秀运动员，参加区、市比赛取得优异成绩的学生，学校颁发的奖品一律是课外书籍。

（5）奖励购书优惠券。每到“六一”、元旦等重要的节日，在社区教育委员会和有关书店的支持下，我们给每个学生发放购书优惠券。家长们反映，孩子课外阅读的热情高涨，节假日大多在书城看书、买书。

（二）扎实有效的教师读书活动

苏霍姆林斯基认为，教师应该“每天不间断地读书，跟书籍结下终身的友谊”，阅读应该成为教师的一种生活方式。

1. 专题读书沙龙、教育教学沙龙活动

每个学期，我们都根据需要，由行政、年级或科组组织开展次数不等的专题沙龙活动。这些沙龙内容丰富，或交流学校指定阅读的一本书，或推荐年级、科组公认的好书，或推荐自己阅读的新书；通过畅谈体会及话剧、小品、唱歌、朗诵等生动的形式把书的内容和读书感受表达得淋漓尽致。教育教学沙龙则是围绕教育教学过程中的热点、难点问题，结合自己的阅读和思考，畅所欲言，如“新时期，我们如何做教师”、“课前五分钟训练有效性探究”、“如何实施有效的奖励和惩戒”等专题，深入到了教育教学的深处。

2. 教师学习型科组评比

该项评比于每学期末进行，组内教师阅读情况是评比的一个重要内容，如沙龙活动发言人数和质量、读书征文撰写和获奖情况、教育教学论文发表和获奖情况。

3. 教师学习型家庭评比

一年一度的“读书节”，不仅是学生阅读成果的大展示，也是教师阅读情况的汇报。教师自愿填写评比表，说明家庭成员一年来的阅读情况，并附上书房照片、读后感、发表或获奖的文章、获奖证书等材料，学校组织评审，在读书节闭幕式上予以表彰。

【点评】

拱北小学的办学特色就是“书香校园”。每所学校都会开展读书活动，只是认识不同，措施有别，效果不一样而已。拱北小学认识明确，措施得力，效果显著。这就是“学校特色”中的“人有我优”，即在“书香校园建设”这一方面，拱北小学优于其他学校。

专 题 三

谁来做（Who does it）？
——学校特色的条件与环境

学校特色是在一定的内因与外因相互作用的情况下形成与发展起来的。事物变化发展，内因是根据，外因是条件，外因通过内因起作用。也就是说，事物的变化发展，根本上是由其自身内在的因素（即内因）决定的，而外部的环境（外因）只是影响事物的改变，虽然这种影响有时候还很大，但是它决不能从根本上决定事物的发展趋势。学校特色的形成与发展，从内部看，它与校长个性、教师素质以及文化底蕴等方面有关；从外部看，它与经济体制改革、管理模式选择以及社区资源利用有关。

一、学校特色的内部根据

学校能否办出特色，根本原因不在学校外部，而在学校内部的矛盾运动。学校内部的矛盾错综复杂，其中影响学校特色形成的主要矛盾有三个方面：一是校长个性，二是教师素质，三是文化底蕴。

（一）有一位管有特色的校长

一所办有特色的学校，必然有一位管有特色的校长。学校特色的形成与发展是校长带领师生员工不断革故鼎新、发挥创造才能的结果。观察那些办有特色的学校，可以看到，这些校长往往具有以下这样一些特质：具有强烈的事业心和责任感；具有勤奋学习、善于思考和锐意创新的精神；具有独特的办学理念和治校方略；具有较强的人格魅力和沟通交往能力。一个人无论从事什么样的工作，总要有动机与动力。因此，校长必须有一种创办特色学校的欲望，而欲望来源于对教育事业的执著追求和不断思考。一个有事业心、责任感的校长，面对教育发展契机，应该是抓住机遇，不断开拓，自我超越，追求卓越。特色学校不可能自然而然产生，也不可能模仿别人而形成，校长要敏锐地捕捉到学校潜在的特色，找到学校工作的突破口，以点带面，步步落实。

【案例3－1】

一位教育家型校长的成长轨迹[①]

仇忠海，上海市七宝中学校长兼党委书记，上海市特级校长，第二届上海市教育功臣，上海市劳动模范，华东师范大学教师教育特聘教授，教育部中学校长培训中心兼职教授，全国优秀教育工作者。

当好校长的三个必备条件："天时、地利、人和"

"天时"，往大里说是国家的教育环境，政府对教育的关注程度，往小里说，就是你顶头的局长。局长是不是开明，是不是真的懂教

① 资料来源：梁伟国，李帆．一位教育家型校长的成长轨迹［J］．人民教育．2009（9）．原文约9000字，选用时有删减。

育，很重要。1994年，当时闵行区教育局局长陈儒俊跟我说："忠海啊，七宝中学就交给你啦，我们只认你。学校怎么发展是你的事，你可以放开手脚去干，在学校发展的过程当中，你的权可以比我还大。但是你记得不能乱来，乱来我还保留一个权，我可以弹劾你。"现在想想，这些话虽然是1994年说的，但其实就是今天提倡的现代学校制度，就是"依法办学，自主发展，自我约束"。"学校交给你啦，你不能乱来"，这是依法办学、自我约束；"学校怎么发展是你的事"，是自主发展，他这么一说，我感觉他目光很长远。

"地利"，我认为是校长的人格力量。我走了几所学校，每所学校要去之前，朋友都劝我别去：这个学校一塌糊涂，矛盾很大，一个语文组就有三派，你怎么搞？但我去了之后，都太太平平，什么原因呢？因为我一直用三句话来指导自己的工作：一是与人为善。不管教师、家长、学生，我都以诚相待，以心相待。二是成人之美。尽自己的努力去帮助需要帮助的人。三是常怀感激之心。对别人给我的点滴帮助，都放在心里，而且涌泉相报。我走过的几所学校，之所以能在短时间里带出来，我想，校长的人格作用是非常大的，可能超过校长的权威。现在在七宝中学，每个教师都把我当朋友。我们一位老师跟别人说："仇校长有两点我最为佩服，一是我们学校的每个老师，都认为自己是和校长最要好的，可以无话不谈。二是虽然校长不常和我们在一起，但我们每个人做什么校长都知道。"前不久，几位退休教师凑了钱，一定要请我吃顿饭。所以做校长，也是先做人再做事。

"人和"，就是要把人心凝聚起来。像学校干部，你不仅要把他们看成自己的助手，更要把他们看作专家，每个条线的负责人都是这个条线的专家。比如分管德育的同志，他整天考虑德育方面的问题，德育方面的书看得比你多，对德育的理解也比你深一些。校长不可能样样都精，你要向他请教。他们写给你的报告，你要非常仔细地看："谢谢，你写得太好了，思考得很到位。只是有一个地方的提法我跟你商量一下。"他们就会很舒服。如果校长不这样，说："怎么好这样弄？按我的方案来。"这对他们是个挫伤。他就觉得，我是在帮校长打工，一碰到问题就找你校长，搞砸了反正是你校长定的调子，我不用负责任。做校长，就要善于让干部在学校总的规划中去实施他的工作方案，实现他的价值，以后碰到问题，他就会自己想办法解决，校长也会很轻松。

教师是立校之本。但现在教师的压力非常大，家庭的、工作的、心理的，校长了解吗？校长要善待老师，要帮助老师解决所有的压力，只给他留下一个工作的压力。我们都知道，你叫一个老师要有压力，他是不会有压力的。但当你帮他解决了工作外的所有压力后，他就会全身心地投入工作中，压力他自己就加上去了。所以我很重视社会资源的积累，老师家里老人看病、孩子读书和就业，有问题，就找校长去。我把这些小事情做好后，发现老师都非常努力。学校有位新调来的老师是劳动模范，到了我们学校后，他说："大家工作太努力了，我是劳动模范，但我看大家都是劳动模范。"你想想，一所学校都是劳动模范在工作，学校质量能不上去吗？

"人和"还必须善待学生。一切工作的落脚点都应是为了学生的发展。但我们过去很多规章制度都是在压制学生、限制学生。2001年冬天，一位学生给我写了封信。他说，学校现在的作息制度有问题。这么冷的天，6点20分开始跑步，违反科学常识。这位同学还说："我在科学杂志上看到，太阳没升起来，人体剧烈运动是有害的。"我刚看到信时，想他是在挑战学校制度啊。因为七宝中学从

1947年成立的时候就是寄宿制学校，一直以“半军事化管理”为骄傲的。但现在学生提出来了，我不能视而不见。我问一位副校长是不是看到过这种报道，他说，有的。我就找学生座谈，一开始学生不肯说。我把学生的信读给他们听。告诉他们，如果大家都感到有问题，我们可以讨论怎样改变。学生就说了，他们说：“仇校长，我就盼望着下雨，下雨就可以不出来早锻炼，我这一天感觉都很好。如果跑了，一天的精神都不好。”一个女孩子说：“我一跑就头晕，妈妈说这是低血糖，要带两块巧克力。”学生七嘴八舌说完后，我们又在全校发调查问卷，结果73.5%的同学都赞成改变。于是我们决定，每年冬至到第二年的3月1日最冷的时候，不搞集体的户外剧烈活动。后来在升旗仪式上宣布，几千名学生经久不息地鼓掌。所以，学校工作的出发点，不要以校长为主，而是要以学生的发展为主。

校长要有自己个性化的办学思想

从1994年到1996年，我在七宝中学做了三件事：人际环境建设、学术环境建设和校园文化建设，而且现在还在坚持。学校发生了很大的变化，许多调出去的教师也要求回来。

学校有了这样的精神状态后，对你校长就是一个考验了：你选择把学校带到什么方向？当时我看上海，只有建平中学很有声音，他不是“四大名旦”（上海中学、华东师大二附中、复旦附中和上海交大附中），但声音盖过了他们。什么道理呢？因为他有自己的办学理念，他提出了与时俱进的、被认为是非常正确的教育观点，“合格+特长”、“规范+选择”，学校所有的制度、课程、校园文化都按这个理念去改变了，于是办得非常火，教育行政部门认可、教育专家认可，整个学校的办学品质也上去了。我就想，找个正确的理念来带动学校的发展，是一条“大道”。其实当时上海很多学校也有自己的口号，但真正拿出东西来，让整个学校围绕理念去改变的，还不多。

那七宝中学应该是什么理念呢？我提出了“全面发展，人文见长”。这个理念，不是一下子蹦出来的，是在我对教育和社会长期关注的基础上提出来的：长期以来，我们的教育重理轻文，重智轻德，培养的学生人格不健全；社会上，人文精神的缺失导致了社会道德滑坡。吕型伟先生不是说过吗：德育如果是庄稼的话，那人文精神就是土壤，你要想庄稼长得健壮一点，就要有肥沃的土壤。

从关注教育和社会的现实，到最后形成“全面发展，人文见长”这八个字，我用了近三年的时间进行思考，经历了三次修改。第一次提的是“五育和谐发展，力求人人成才”，第二次提出“给学生创造充分发展机会的学校教育”，第三次才是“全面发展，人文见长”。理念的形成有一个过程，校长要在实践中不断磨合自己的理念。现实是螺旋式发展的，校长的思想和理念，也必须根据实际，第一轮、第二轮不断地攀升发展。哪怕是同一个理念，它也要螺旋上升。

校长提出理念，办学就有了“蓝图”。下一步，就要按“蓝图”去“施工”。而课程是“施工”的重要途径。像我们开设的校本课程《文化与人生》，每周星期五下午，拿出三节课时间，请来国内外的作家、艺术家和学者，讲他们对人性的理解和对人生的看法。学生非常喜欢这门课，称为“人生的报告”。其实当时的选修课中，适合学生的人文课程比较少，我们就发动老师，编写了《中国传统文化课程纲要》、《当代中国外交简史》等。在别的学校觉得主科的课时都不够时，我们不管，我们有勇气把升学率放在一边，因为我们的办学理念就决定了：我们培养的学生要有一定的人文修养和较高的文化品位，能够全面发展。

当我们把升学率放在一边的时候，我们的升学率是稳定上升的。而且越到后来，提高得越快。一本率，今年我们有信心冲90%。我一直说两句话，以同样的分数考取同一所大学的，七宝中学学生一定比人家更优秀，因为我们是靠学生的综合素质带出来的；第二句话，二十年后，看哪所学校出来的栋梁之才更多，我有这个自信和别的学校比一比。

我到七宝中学快15年了，“全面发展，人文见长”的理念从提出、磨合到践行，也快15年了。很感谢有七宝中学这样的理念实践场。现在有的地方提出校长三年或五年一轮岗，其实对校长，特别是对正处在理念形成期的校长是不利的。在同一所学校，校长可以就一个大的问题不断地实践、提升，最后悟出教育的真谛。如果频繁调动，不同的学校问题不同，情况不同，相应地校长提出的理念也可能不同，不利于校长个性化教育理念的产生和成熟。很多名校长都是在一所学校呆很久的，像上海育才中学的段力佩校长、上海市南洋模范中学赵宪初校长都在各自的学校呆了20多年，上海中学的叶克平校长近20年。我的“全面发展，人文见长”理念发展到今天，其实也没有完善。我一直都在思考，最近有了新的想法。下一步我将提出，培养的学生应该是“平民本色，精英气质”，这是我人文教育理念的又一次螺旋式攀升吧。

遇到问题，就是提高自己的时候

从1988年任友爱实验中学的校长开始，我做课题就没有间断过。校长也好，老师也好，要成长，真的需要静下心来做一些研究。

我认为，课题研究是对教育教学规律的探讨，是一种提升自己内在品质的途径，也是学校发展的生产力。我到七宝中学后，先后主持或参与了1项国家级课题，4项国家重点课题一级子课题，7项市级课题，23项区级课题。现在手上还有一个教育部“十一五”重点课题。这些课题我都是全程参与的，再忙也会挤出时间去学习和思考。

办学的过程中，校长总会遇到很多问题。面对问题，我的态度是有问题就有发展，没有问题就没有发展。解决问题的过程，就是提高自己的过程。所以我们的课题，一定是从学校存在的问题出发，绝不为课题而课题，不搞“空心课题”。

2001年底，上海市教委组织专家进行实验性示范性学校创办的中期评估。评估结束时，评估组长对我说：“忠海啊，学校挺好的。但有一点，我们10多位专家听了40多堂课，让我们感觉耳目一新的不多，你们的课还是很传统。”这句话给我压力很大，我在教师大会上说：“我们要花三到五年时间，搞一个全员参与的校本课题研究，把这个问题解决掉。”

课题名字叫《以学生为主体的高效率、创造性课堂教学创新研究》。每门学科都围绕这个课题，进行学科研究；又设计了17个子课题，要求每位教师至少申报一个。第二年4月底必须拿出提纲。到了4月份，我一看，全没达到要求。为什么呢？因为教师没把自己放进去，都用文献研究法，把这个课题研究做成了空心的研究。于是全部退回去。我们请华东师大的一些博士和硕士，收集了20多万字的有关课堂创新的文章，然后分科装订。当年暑假，我和全体教师一起，通读与自己有关的文章，并写一篇反思。秋季开学后，我们把所有老师的反思收集起来，创办了一本《教育创新》杂志；然后分5个组举行论坛，每位老师都要发言、点评，我全程参与了语文组的讨论。这个过程中，我对什么是高效课堂的认识也得到了提升。

讨论完后，我们成立了一个学科教学研究所，把学校的优秀师资组合起来，分成6个小组，有质量评估组、拓展性课程建设小组、导师组等，进行改革实践。我们要求，从2003年9月到2004年9月，每位老师必须拿出一个课例来。学校录像，大家研讨，有问题就修改，直到满意为止。从2004年9月起，大家再把最好的课推出来，在全校进行交流评比。

2005年4月，我们把课题成果向全市展示，当年评估组的专家也请来了。我对他说："是你当年一句话，引发我们进行了三年多时间的研究。请你们来看看，是不是有什么改变。"专家特别高兴，说，工作这么扎实，有什么事做不成呢？在听取大家意见的基础上，我们又进行了巩固提高。2006年12月，进行了第二次全市课堂展示，这次比较成熟了。

2007年课题结题时，已经是市级课题了。我去答辩，获得了闵行区一等奖。这样的例子在我办学过程中有很多。发现问题，用课题解决问题，也成了我一个常用常新的"武器"。有些学校，校长和教师都比较累，身体累，心也累，但效果并不好。原因就是他们没找到教育教学的规律。所以校长要和教师一起，学会用课题去找教育教学的规律，只要找到规律了，再提出符合学校实际的做法，自然会成功。

对国内外的各种理论，我也看，但只是汲取它们的合理内核，然后融合在自己的办学实践中。我从不批判谁，也不迷信谁。做校长要把根扎在自己的大地上，把自己所负责的学校这块农田耕耘好。毕竟每所学校的情况都不同，不要把不服水土的"庄稼"引进来。

【点评】

仇校长的这段叙说我看了好几遍，觉得是从他心中流淌而出的话语。仇校长追求“天时、地利、人和”；坚持“做校长，先做人再做事”；强调办学理念的“不断磨合”与“螺旋式发展”；拥有“发现问题，用课题解决问题”这个常用常新的“武器”。创建学校特色的过程就是校长带领师生员工追寻教育梦想的过程。仇校长的思考与实践充分地说明了这一点。

（二）有一批教有特色的教师

大学之大，在于大师。名校之名，在于名师。学校特色之所以能够“特”起来，其关键是有一批教书育人有特色的教师，他们是创建学校特色的主力军，没有这样一支主力军，创建学校特色就成为一句空话。学校是一个“通过人培养人”的社会组织。无论校长有多么强烈的事业心和责任感，有多么先进的办学理念，最终还是要通过“人”（教师）落实到“人”（学生）身上。实际上，创建学校特色的过程就是培养教有特色的教师队伍的过程。

【案例3－2】

行动研究：打造一所“初中理想学校”①

山东省潍坊市广文中学是在2006年7月由市区两所高中学校的初中部整合而成的新校。成立2个月了，校门口的校牌还没有挂上。大家都猜测着：准是请哪位“大人物”写校名！

当年新生入学，我们提出在全校师生中征集校名书法，令许多人大跌眼镜，也极大地激发了广大师生的参与热情。最终，初一学

① 赵桂霞．行动研究：打造一所“初中理想学校”［J］．人民教育．2009（8）：12－14

生谭晔撰写的校名被师生选中。10 月，校名揭牌仪式由学生主持进行。

这件事，体现了我们的办学思路："创建初中理想学校"是我们办学的最大愿望，但如何实现它，不是一个人的创造，而是一个团队的价值追求。校长的口号再响亮，如果得不到大家的认同，也只能是一句空话。为此，学校所有的价值取向，都要教职工、学生反复讨论形成；校训、校徽设计、学生誓词等，都是在师生中征集并不断研讨形成，学风、工作作风等也由此产生；面对实践中的各种问题，我们也是共同进行研究、讨论，再把研究的成果转化为具体实践，从而走出了一条自己的特色建设之路。

什么是"初中理想学校"？

学校的目标定位既非校长一个人确立，也非全校教职员工说了算，而应由家长、学生、社区代表等各类人员共同参与确立。于是，我们开始了第一个行动研究：初中理想学校的要素调研。调研面向学生、教师、家长、专家和社会各界，广泛征求意见，最终捕捉到了初中理想学校的要素：

课程：适合学生发展，可以选择。课堂：师生互动，学生喜欢，学习氛围好。学生：有自主、自由发展的空间，有愉悦的感受。教师：素质高，幸福、愉悦。校长：专家型，高瞻远瞩，办学理念先进。文化：积极向上，制度人性化，校风校纪好……

围绕这些关键要素，我们不断组织教职员工进行研讨，学校的工作思路、办学目标、学生发展理念、教师发展理念等也随之确立。

但如何才能更快更好地实现这些思路和目标呢？我们采取了"主题发展，整体推进"的工作策略，即抓住学校发展的关键需求，带动学校的全面发展。

2006年开始，我们依次确立了“教师发展年”、“高效课堂年”、“精品课程年”、“学生发展年”和“精细管理年”。这种主题式的发展，使全校教师专业素养有了很大提升，获奖比例是以往的两倍以上；“以制度创新促教师发展”的经验被媒体刊登，并获潍坊市政府成果奖；教师专业发展长效机制确立，教师发展进入了常态；探索“用数据说话”的课堂研究工作法，解决了“高效愉悦课堂”建设中的诸多问题，课堂教学效益大大提高；教学质量连年提升，2008年部分学科A等率高达40%以上。同时，逐步构建起适合学生发展的广文课程体系，使实施素质教育有了关键支撑。

管理中，要学会“倾听声音”

“倾听声音”是我们的一项工作制度，规定凡是涉及全校教职工利益的制度和决策，都必须“倾听教职工代表的声音”，如《教职工绩效考核办法》、《五年发展规划》等都是在教职工代表大会上讨论通过的；涉及部分教职工利益的，要由教代会推选出的“教职工委员会”讨论通过，“教职工委员会”可以否决校长办公会的意见；一般的制度和决策，才只由校长办公会通过。

“制度是商量出来的”成了大家的共识，而教职工执行起来也心甘情愿，顺理成章；“墙上无制度，胸中有规范”，“制度第一，校长第二”也就成了学校的常态。

随着工作的深入，“倾听声音”不断拓展范围：领导倾听教职工的声音、学校倾听家长的声音、教师倾听学生的声音、职员倾听师生的声音，渐渐成为广文人的一种工作方法。学校再把倾听到的声音进行数据分析，学校管理逐步走向科学化。

我们反对“拍脑瓜”做决策。提交校长办公会研究的议题，必须有数据支撑，否则不予通过；先解决哪个问题，后解决哪个问题，也必须用数据说话。

2007年教师节，每位教职工收到了一封题为“倾听您的声音，破解您的难题”的信件，请大家把自己在工作和生活中的困难和困惑写出来。然后学校进行详尽的数据分析，发现：教师们最关注的事情有“配置电脑”（85%）、“孩子看管”（82%）、“配扩音器”（59%）、“教工体检”（50%）、“早餐”（40%）。

根据这个结果，新学年学校为每位教师配备了带有无线上网功能的笔记本电脑，网络接到了每个办公室；在车辆紧张的情况下，学校安排一辆面包车每天4次接送教师子女上学，并在校内专门设立“幸福小屋”，供教师子女休息和学习；为教师配备扩音器、组织教工体检等问题也于年内解决。

“数据”也在支撑着优秀的产生。“优秀是计算出来的”成为广文推选优秀的唯一方式。2007年，推选省、市级优秀教师，教职工委员会根据推荐条件细化标准，对申报者进行分数量化，分数最高的王灵杰老师被推荐为“省优”，第二名的徐艳老师被推荐为“市优”。潍坊市特级教师、山东省十大创新人物等推荐，也都离不开“数据”。每年，计算每位老师得票数量，产生“学生最喜爱的老师”、“家长最敬佩的老师”；通过累计计算教师发展学分，产生“教师发展积极分子”。在广文，因为“优秀是计算出来的”，未获得优秀的老师绝不找学校“讨说法”，而是从自身找原因，想方法提升自己。

建设“高效愉悦”的课堂

深入课堂发现问题，通过数据分析问题背后的问题，行动研究成了我们解决课堂问题的主要方式。

在对全校学生进行“你喜欢什么样的课堂”的调研后，我们发现，学生们特别渴望“开放式的，师生互动、生生互动多的课堂；注重体验、实验、探究的课堂”。于是，学校大力推进“自主互助学习型课堂”，并提出了对课堂进行立体评价的新理念。通过评委小组评价、当堂达标、学生满意度测评、教师课后反思等多个维度，全面评价常态课堂。

在这样的评价中，我们积累下大量数据。透过各项数据看课堂，问题一目了然：愉悦的课堂有时不高效，过程与方法有时流于形式。为了破解难题，我们又在全校师生中进行了“高效愉悦课堂”关键要素的调研，我们认为，好课堂至少要实现“高效”和“愉悦”两个目标。师生共同关注的“教学环节、教学内容、教学方法、师生配合”四要素成了建设理想课堂的四个关键点。

根据这个分析结果，我们进行“课堂教学流程”研究，设计出“教学流程效益网格图”，带领攻关小组进入课堂，翔实记录教学流程，课后再对教学环节逐一分析，并对照当堂达标情况找出高效环节和无效环节，最后制定出“学科教学规范”，使高效环节得到落实。

2008 年 5 月，教育部基础教育课程教材发展中心 20 多位专家到学校调研，走进了所有学科的课堂，对课堂上呈现的“减少讲与听，增加说和做”、问题在学生手底下得到解决、学习始终处于课堂的中心地位等做法，给予了一致肯定和高度评价。

素质教育从课程出发

课程是学校提供给孩子的产品，也是一所学校特色和品位的体现。我们提出要建立广文课程体系，让“素质教育从课程出发”。广文课程体系包括：生本化的国家课程、特色化的学校课程、个性化的活动课程三大部分。

“生本化的国家课程”，就是把教材中枯燥的、远离学生生活实际的内容，变成学生喜欢的、生活化的内容。

如何做到这一点？要从调研学生开始。以化学学科为例，第一次调研，我们发现难度最大的知识点是“棉、羊毛、合成纤维的区分”，难度系数为46.7%。于是，老师把课堂教学和学生日常生活联系起来：找来三种布料让学生触摸、燃烧，让学生辨别衣服成分，组织学生到“潍坊纺织城”现场考察等，难度系数降为32.4%。

“特色化的学校课程”建设，同样是从调研学生的需求入手的。通过对学生的需求进行排序，我们构建了13大模块、39个系列的学校特色课程。这些课程均从学科向外延伸，由“大家”系列、文化系列、实践与探究系列组成。“大家”系列带领孩子们走近“大家”、了解“大家”、感悟“大家”；文化系列让孩子们走进历史事件，走进“数学与音乐”；实践与探究系列重点培养学生的动手实践能力，有些课程如“晨读午练”、“课前演讲10分钟”、“走进潍坊”、“人生规划与职业指导”等，甚至被确定为必修课。

在“个性化的活动课程”建设中，我们提出“所有的活动都是课程”，并确立了“凡是对学生产生积极影响的都是课程”的大课程观。学校把所有的学生活动、社团活动和传统活动等都纳入课程体系，并进行学分管理。

课程实施的最有效方式是自主和体验。学生主动参与，切身体验，才能实现真正意义上的发展。除国家课程和部分必修课程外，大部分学校课程的实施方式都是先倾听学生的声音（投票征集），然后实施课程，并由学生自主选择。2008年3月，全校42个社团现场招募参与者，学生自主报名达4800人次。学生参与实践的机会增多了，自主管理能力、思想道德等各方面均有提升。

以“成功幸福”为导向，创新教师发展模式

一所对学生成长负责的学校，必须担负起教师专业发展的重任。可教师发展的动力源自何处？我们又拿起了工作法宝：行动研究。

我们的办学目标是“构建和谐校园，奠基幸福人生”。我们认为，只有幸福教师，才能塑造出有幸福感的学生。那么，就从调研“教师幸福感的来源”开始吧。调研发现，教师的幸福感来源于其成就感，而成就感源于自身专业素质的不断发展。当老师因为专业发展获得了荣誉、受到了奖励、得到了学生的喜欢时，成就感油然而生。

而我们在“追寻名师的成功轨迹”时又发现，关键事件、关键人物、关键书籍对教师专业发展起着关键作用，入职期是教师成长的关键期，善于学习、勇于反思、坚韧不拔、超越自我等个人品质最终决定了教师专业发展的成功。这样，教师发展的根源、路径、载体在行动研究中被发现，我们开始创新教师发展的各项制度，引领教师走上“自主发展、智慧行动、反思创生”的发展轨道。

首先，我们围绕教师发展，构建了一系列机制：“周四沙龙”制度，教育随笔日交周评制度，常态课堂开放制度，教师发展状况每周盘点制度，购买教师的知识产权制度，专家月报告制度，青年教师联合体制度，教师发展共同体制度等，给每位教师以最大的发展平台和发展空间。

其次，学校不断为教师创设关键成长事件，为教师发展创造条件。一月一个主题的课堂大赛，历练着教师的课堂技能；一学年一次的“课堂教学研讨月”，全面展示了教师的风采；课题研究，提升着教师的研究水平。

此外，学校每学年都给教师购买教育经典等关键书籍；设立名师工作室、邀请专家、实施“青蓝工程”等，帮助教师走近关键人物；紧紧抓住教师的入职期，为成长关键期的教师提供更多的发展机会。

当然，在具体操作中，同样是用“数据”作支撑。比如，每月一期的专家报告，确定什么样的报告内容，具体请哪位专家，我们都会倾听教师的声音。语文学科82%的老师提出请湖北省特级教师余映潮老师到校指导，我们就特别邀请他到校上课，指导课堂，举办讲座，并在学校建立了“余映潮名师工作室”。

在这样的发展平台中，一大批教师成长起来。撰写教学反思，成了每天必做的事情；不少老师还建起了自己的“博客”，有了一大批志同道合的交流者；读书也成了许多老师的生活必需。仅2007年，就有28人次获得19项市区教学成果奖，60人次获得市级以上荣誉称号，青年教师赵磊被评为“2007年山东省教育创新十大人物”；老师的教育随笔也陆续发表在各类国家级报刊上。

“教师发展”成就了教师，也成就了学校。

【点评】

广文中学是一所新办的合并校，短短几年就特别引人注目。他们的目标非常明确：“创建初中理想学校”。如何实现这一目标？它不是一个人的创造，而是一个团队的追求。校长的口号再响亮，如果得不到大家的认同，也只能是一句空话。学校所有的价值取向，都要教职工、学生反复讨论形成；校训、校徽设计、学生誓词等，都是在师生中征集并不断研讨形成，学风、工作作风等也由此产生；面对实践中的各种问题，他们也是共同进行研究、讨论，再把研究的成果转化为具体实践，从而走出了一条自己的建设之路。

（三）有一种适应特色建设的文化氛围

任何办学特色都应是有一定文化内涵的特色。离开了文化，任何特色都难免流于浅薄、单一而不能持久。特色本身就是一种文化的积淀。任何学校文化离开了特色，都难免缺乏根基与活力，而不能传承。文化本身就是一种特色的表现。特色之中有文化；文化之中有特色。任何一种学校特色，都是继承原有学校文化的优良传统，吸收其精华，并根据时代的发展，不断扬弃，整合改造，从而形成学校的某种个性风貌。学校文化对每一所学校来说都是一种客观存在。它作为无形的能动力量，对于学校成员有着巨大的影响。它潜在然而是稳固地支配着学校中每一个人的行为方式，并为人们的行为打上它的印记。

【案例3－3】

草堂小学校园环境的设计与营建①

校园环境是学校文化的物质层面，也可以称之为"视觉文化"，它包括二维平面和三维空间。草堂小学蓝继红校长认为，校园环境的设计与营建有其基本轨迹：第一，寻根。文化是有根的，根在历史中，在社区里，在生活在学校的人们的心灵的需要中。所以，学校文化建设一定要从物和人的因素中去寻找它的根。第二，塑形。再好的精神也要有外在的表达形式，学校也要通过外在的校园环境设计来表现内在的学校精神追求。第三，铸魂。学校文化是有灵魂的，它赋予文化真正的内涵，是学校文化的最高层面。

① 蓝继红．校园文化与环境设计［J］．学校品牌管理（内刊）．2007（4）

校园环境的设计与营建要重视以下几个方面：

第一，确立目标。目标的确立决定了校园环境设计与营建的基本价值取向和学校发展的风格、方向，它是在学校理念的指导下进行的。草堂小学确立的目标是诗歌教育、诗意教育。草堂的孩子都能写诗、读诗、背诗，但草堂小学的目的不在于要写多少诗，出多少诗人，而是要让每一位教育者和受教育者的心灵都保持诗的灵性，洋溢诗的真善美。诗意，成为草堂小学的一种教育理念和追求，成为草堂人教育、生活和学习的方式。

确立了目标后，就要对学校所处的地域人文文化展开相应的研究。草堂小学位于举世闻名的杜甫草堂附近，成都有名的浣花溪也从草堂小学旁边流过。因此，草堂文化、浣花文化、诗歌文化、社区文化等都成为草堂小学研究的对象。在此基础上，草堂人提出了“植养人文气韵，奠基诗话人生”的学校文化主题，并提出了以草堂文化和杜甫精神为精髓的草堂教育品牌的构想。这样，以管理文化为灵魂，以师生文化为主体，以学校文化、社区文化环境为空间，以诗文化教育行动实践为路径，以师生的幸福、诗意的人生谋求为目标，草堂小学开始打造校园环境建设。

第二，营造氛围。学校需要一种氛围，但并不是有几个雕塑、几棵大树、一些小草就会有氛围。学校文化重在陶养、重在熏陶、重在感染，所以校园整体环境设计非常重要。草堂小学非常重视两个方面的整体设计：一是学校的主色调。学校一定要青春，要有朝气。所以草堂小学选择绿色作为主色调。其次是学校的主体物语。草堂小学的主体物语是诗歌，学校的墙上、地上、树上，处处都是诗。

选好主色调和主体物语后，就可以营造氛围了。草堂小学的氛围叫做“草堂的故事”。草堂是有故事的，草堂的故事来自诗人，所以学校一定要有包括杜甫在内的各朝各代的诗人；草堂里必须有小动物，所以在学校教室的门外，有很多小动物的图案，在呼应着草堂的故事；草堂里必须有丛林、树木，所以草堂教室的设计采用了圆木的造型，以追求丛林、树木的感觉；草堂的故事里还必须有鲜花，所以校园里到处点缀着美丽的鲜花。这就是整体氛围的营造。只要走进草堂，就可以看到它的亲切、平和，品到它的诗意、柔软，品到教育的温馨、温暖。

第三，主题彰显。学校文化切不可散乱。不能这里一个景，那里一个物；这里一幅画，那里一句话，彼此之间没有联系，单独看非常漂亮，整体放在一起则像一个堆满了美丽饰品的仓库。学校文化设计必须有自己的主题文化。草堂小学的主题文化是诗文化，其中又以杜甫的诗为主，杜甫是草堂人唯一的偶像。曾有人向我建议，把中国诗的开山祖师孔子和近代诗的大师陶行知先生的塑像放在学校里，但我最后没有采纳。因为我明白，学校文化一定要有自己的主题，不能散乱。

第四，连环呼应。在校园设计时，要注意一些相对应的文化。

第一对是教室文化和办公室文化，这是分属成人文化和儿童文化的两种完全不同的文化。成人的文化容易操作，但儿童文化是由成年人为儿童做的，不一定适合孩子们的需要，所以要研究孩子的需要，追随孩子的文化和脚步。如教室的黑板要尽量放低，取书的地方要让孩子们伸手就能拿得到等，这才是孩子的环境。

第二对是楼道文化和走廊文化。走廊和楼道都是公共活动区域，但楼道是最容易发生安全事故的地方，它和走廊文化的设计应该是不一样的。草堂小学认为，楼道一定要宽敞、明亮，清清静静，让孩子们从那里迅速通过，但“清清静静”并不代表什么都没有。草堂小学的楼道分成琴、棋、书、画、诗五个主题。例如，棋楼中间有关于棋的诗句，楼道下面有一个围棋的棋台，为孩子们指示着上楼。楼道里还贴有孩子们自己画的诗意画。这样，孩子们既能够读诗，又能够知道怎么做人。“清清静静”也就在诗歌的环境中凸显出来了。

第三对是卫生间文化与角落文化。卫生间和学校里的一些小角落，如卫生角等，都是容易被人们忽视的地方。但在草堂小学，这些地方都被精心设计过了，流露出教育的影响。欧阳修曾说：“读书有三上，马上、枕上、厕上。”所以草堂小学一位四年级的孩子给卫生间命名“一上间”。“一上间”里有一个大头娃娃的图像，孩子们每天都会把各种各样的图案贴在娃娃上面，给卫生间里的美化指数打分。卫生间里的每个角落都被孩子们布置了，虽然只是很简单的方格子，但上面贴满了孩子们写的诗和画的画，告诉每一个人要爱护卫生间。在不起眼的卫生角，也贴有可爱的图片，告诉孩子们要爱护环境、讲卫生，从小养成良好的行为习惯。

第四对是功能室文化和个性房间文化。每个学校都有功能室房间，但不一定都有个性房间。草堂小学除了有功能室，还根据本校的诗歌特色和管理特色，设计了好几个个性房间。如草堂诗社“好雨轩”，是孩子们活动的地方。通向好雨轩的楼道名叫诗径，上面刻着杜甫的名诗《茅屋为秋风所破歌》。走在诗径上，仿佛能感受到杜甫对家和广厦的渴望，所以“好雨轩”又是草堂小学为杜甫建的一个跨越千年的家。在“好雨轩”里，孩子们可以听音乐，可以扶着杜甫爷爷的肩读书，还可以开展各种各样的活动。“好雨轩”的设计颇有古代遗韵：房内陈设着作为中国文化象征的荷花和竹，墙上挂着许多老师和孩子们的书画作品。房间里的线装书柜完全开放。孩子们下课了，就可以来到这里，随意地翻一翻、读一读，从小接受经典文化的熏陶。

草堂小学有一间执行办公室，在里面办公的人并不是完全意义上的校长和老师，而是由民主公选出来，代表老师、学生管理学校的校长。所以这间办公室与其他办公室的设计是不一样的。

还有“心情阳台”。那里有明亮的阳光、舒适的桌椅，是老师、家长、孩子沟通交流的地方。草堂人觉得，心情的质量是生命的质量。人，一定要学会照顾自己，每天给自己一个好心情，给同事一个愉快的微笑，才能让大家在快乐的环境中工作、学习。

还有教学楼文化和园区文化。有些学校的教学楼墙壁上有很多的图片、文字，但草堂小学教学楼的墙壁上却非常朴素。我特别喜欢国外的一些学校，没有招摇的外表，却有特别有亲和力的教室和老师办公室。草堂小学也是这样一个地方。

此外，在学校连环呼应的设计中，还必须重视学校的标志性设计。草堂小学有自己的学校印章、校徽、学校形象娃娃、学校形象棋等，使草小的形象鲜明而独特。

第五，精雕细节。学校文化有了大的布局后，接下来就要重视对细节的精雕细刻。每一样东西，怎样布置才能符合老师工作和孩子学习的需要，都需要精心思考。比如，曾经有草堂小学的老师提议把班训贴在教室的前面，让孩子们一上课、一抬头就能看见，立刻有老师反对，说那很容易让孩子们分心，不能放在那里，而应该放在每一个孩子走进教室的时候就必然会看到的地方。于是，他们把班训贴在了教室门口透明的玻璃上。同时，又在班训的背面对应地贴了一张。这样，孩子们无论在室内还是室外都能看到本班的班训。草堂小学的眼操表也很特别，是用自己的学生做模特，上面还有孩子们自己写的诗，告诉大家怎么做眼操。

【点评】

草堂小学位于杜甫草堂附近，他们充分挖掘和利用这一独有的社区文化资源，把“诗意教育”作为学校特色方向，确定了“植养人文气韵，奠基诗话人生”的学校文化主题。走进草堂小学，仿佛走进一座诗意的殿堂：“诗路花语”、“好雨轩”、“一上间”、“桃李书斋”、“碧草书屋”、“若思城”……校园的每一个角落甚至卫生间，每一面墙壁甚至楼梯，都传达着诗的语言，处处流淌着浓浓的诗意，润泽着每一个人的心灵。

二、学校特色的外部条件

创建学校特色，不仅需要强烈的学校内部动因，而且需要一定的外部条件与环境。经济体制的改革，管理模式的选择，社区环境的优劣，对学校特色的影响是巨大的。

（一）经济体制改革为学校创建特色注入发展活力

市场经济体制的建立对教育的改革和发展有着非常深远的影响。教育的需求与供给，教育事业发展的规模与速度，与经济发展模式和速度关系十分密切。当经济体制发生变革时，教育的办学体制，投资体制，培养模式，评价标准，等等，都会发生相应的变革。

计划经济体制的基本特点是“按计划办事”，“统一安排”，与此相适应的人才培养的模式也是如此，因而忽视了学生的个性发展，压抑了学生的兴趣爱好，致使学生“千人一面”，缺乏特长。市场经济对人才的需要具有多样性。这就迫使我们打破传统的培养模式，重视学生个性特长的培养，使学生的主体性得到充分的发展。因此，课内课外的结合，校内校外的结合，教育资源的开发、利用与共享，使得学校创建特色有了广阔的空间。

（二）政府职能转变为学校创建特色提供制度保障

政府统得过多、管得过死，职能的“缺位”或“越位”，学校成为教育行政部门的附庸，这是学校难以办出特色的深层原因。因此，要理顺政府与学校的关系，建立现代学校制度，为学校创建特色提供宽松的外部环境。

政府作为教育服务体系的构建者和监管者。政府要善于运用规划、协调、监督、评估、指导、咨询等多种手段，依法对学校进行宏观的、间接的管理。《国家中长期教育改革和发展规划纲要（2010－2020年）》明确指出：积极推进政校分开、管办分离。适应中国国情和时代要求，建设依法办学、自主管理、民主监督、社会参与的现代学校制度，构建政府、学校、社会之间新型关系。适应国家行政管理体制改革要求，明确政府管理权限和职责，明确各级各类学校办学权利和责任。探索适应不同类型教育和人才成长的学校管理体制与办学模式，避免千校一面，鼓励学校办出特色。完善学校目标管理和绩效管理机制。健全校务公开制度，接受师生员工和社会的监督。随着国家事业单位分类改革推进，探索建立符合学校特点的管理制度和配套政策，克服行政化倾向，取消实际存在的行政级别和行政化管理模式。

学校是教育服务的提供者。要明确学校的自主性和独立性的地位，也就是学校应该是一个独立地享有权利和承担义务的办学实体。一方面它作为学术机构，享有学术自由的权利和社会责任；另一方面它作为教育服务机构，履行其公共服务的职责并享有实施这种职责所必需的权利。政府及其部门要树立服务意识，改进管理方式，完善监管机制，减少和规范对学校的行政审批事项，依法保障学校充分行使办学自主权和承担相应责任。高等学校按照国家法律法规和宏观政策，自主开展教学活动、科学研究、技术开发和社会服务，自主设置和调整学科、专业，自主制定学校规划并组织实施，自主设置教学、科研、行政管理机构，自主确定内部收入分配，自主管理和使用人才，自主管理和使用学校财产和经费。扩大普通高中及中等职业学校在办学模式、育人方式、资源配置、人事管理、合作办学、社区服务等方面的自主权。

（三）盘活社区资源为学校创建特色提供智力支持

当学校从行政附属机构转变为自主办学的独立实体之后，学校与社会的关系也就会随之发生变化。“终身教育”、“学习型社会”等思想的提出，使得学校教育正在成为终身教育系统的一部分。因而，学校的功能、服务对象、教学形式乃至组织管理都发生了深刻的变革。学校要求得生存和发展，就不能不把“特色”作为一种战略进行思考。

学校要改变以往那种“唯我独尊”的心态，打破封闭办学的格局，建立一种“学校、社区、家庭”之间平等参与、协调制衡的关系。社区是学校生存和发展的环境，它为学生提供校外学习的资源。一方面，社区要建设成为学习型社区，为学生营造一个适于学习、健康成长的社会环境（包括建设校外学习基地，社会文化体育设施免费向学生开放，建设社区学习室等）；另一方面，社区也是学校建设和管理的参与者。社区可以选派代表直接参与学校管理机构，组织社区居民参与学校工作的讨论，让学校在社区成员（纳税人）的关心、参与和监督下发展。

家庭与学校的关系比社区更直接，内容也更丰富。在创建学校特色过程中，要为家长的参与管理提供制度保证。家长不仅是学校教育教学实施过程的参与者和辅助者，而且应该是这一过程的参与者。在学校建设和发展的诸多方面，家长要有更多的发言权，而不只是被动的执行者。

【案例3－4】

重庆市城乡统筹建设特色学校的几点做法①

重庆市为统筹城乡一体发展，建设特色学校，采取了以下几点措施：

1. 以标准化建设为基点，坚持均衡发展与特色化建设相结合

要坚持以标准化学校建设为载体，城乡统筹、县域为主、分类指导、分步实施，推进教育均衡发展，进而提升内涵质量的总体思路。在发展要求上，坚持“三个原则”，即在均衡发展上不搞削峰填谷，不搞平均主义，不搞整齐划一，而是因地制宜，因校施策；在发展定位上，实现“三个转变”，即使教育从规模发展向内涵发展转变，从重点发展向均衡发展转变，从同质发展向特色发展转变，办好每一所学校，关注每一名学生；在发展目标上，使主城区学校和各区县部分基础较好的农村学校共同发展，进而达到标准化学校建设标准。同时，加强学校特色化建设，使教育资源配置更加合理，区域、城乡、校际、群体间基本达到既均衡发展又具有文化差异，真正让所有的孩子都能“上好学”。

2. 以农村学校为重点，深入挖掘农村学校本身的特色资源

由于长期的历史或管理体制原因，目前重庆市是一个典型的大

① 彭智勇．城乡统筹背景下的特色学校建设［J］．人民教育．2009（3－4）：23－25

城市与大农村、大工业与大农业并存的城市，城乡二元结构分化明显。经济社会发展不平衡，致使义务教育资源配置不合理，城乡教育差距较大，不同群体受教育机会不均等现象突出。在经费投入相对不足、城乡差距相对较大的客观情况下，在城乡统筹发展的战略部署中，农村中小学特色学校的建设与发展举足轻重。农村学校特色建设的好与坏、快与慢，直接关系到农村孩子是否可以接受全面而且多样化的教育。因此，要以农村学校特别是农村中的薄弱学校为重点，充分利用学校自身资源，深入挖掘特色，满足农村学生的基本需求与多样性需求。

3. 以“捆绑式”发展为手段，构建城乡学校特色共创共享机制

对于农村学校而言，虽然还没有完全实现均衡发展，但并不影响特色学校建设。教育均衡发展与特色化建设并不是完全分离的两个阶段，而是互相促进、可以同时进行的两种发展方式，均衡发展是特色建设的前提和基础，特色建设则是均衡发展的“助推剂”。因此，面对农村学校的缺陷与不足，应建立全市城乡学校特色共创共享机制，加大城区教育对农村教育的支援力度，采取建立“以城带乡，城乡一体”的特色学校建设互动模式，实现“资源共享，捆绑发展”。选择主城区学校特色建设已经有所成就的学校，“出人才、出资源、出智慧”，帮助农村学校探索特色化建设模式与策略，实现特色学校建设的“点对点”、“捆绑式”帮扶，鼓励农村学校挖掘优势，办出特色，创出品牌，在更大范围内实现教育均衡发展与特色学校建设的同步。

4. 以学校团队为主阵地，形成特色学校建设城乡共同体

团队文化是形成特色学校的核心要素。特色学校建设的力量是多元的，既包括学校的校长、教师、学生、职工，又包括间接参与

学校建设的专家、家长、社区人员等，他们各自发挥着重要的作用并承担着相应的责任，形成了一个特色学校建设共同体。在特色学校的创建中，无论是城市学校还是农村学校都应该充分调动团队力量，关注和谐人际氛围的营造。学校管理者既要倡导校内师生之间、教师之间、领导与教职工之间的和谐相处，也要倡导与社区及其他教育工作者的和谐交流；既关注师生的工作、学习和生活，更强调关注师生的生命状态和成长过程，营造出“和衷共济”的团队文化。

【点评】

重庆市的特色学校建设卓有成效，在很大的程度上取决于重庆市教育委员会的一系列城乡统筹策略。他们坚持以标准化建设为基点，坚持均衡发展与特色化建设相结合；以农村学校为重点，深入挖掘农村学校本身的特色资源；以“捆绑式”发展为手段，构建城乡学校特色共创共享机制；以学校团队为主阵地，形成特色学校建设城乡共同体。这些策略很值得借鉴。

【案例3－5】

内置式共同体：校企合作新模式①

校企结合的方式方法很多。不同的方式，各有所长，重要的是因“地”制宜，重在“结合”。因“地”制宜，即根据学校条件、专业的要求来决定校企结合形式。近年来，浙江省慈溪市的职业学校打破思维定式，创新发展模式，以专业为单元，探索校企之间互为内置的共同体建设，几年下来，学生变了、专业活了、学校热了。

学校内置于企业的共同体模式

① 资料来源：彭飞龙．内置式共同体：让校企合作更加紧密［N］．中国教育报．2011年1月29日第3版

学校能不能、企业愿不愿以生产车间（场地、设施、设备）作为学生的实习基地，使学生在真实生产环境下真情实景地实习，是学生能否通过实训实习有效提高职业能力的重要条件。

这类共同体的一般形态是将职业学校的专业实训教学或实习环节内置到对口的规模型企业，使其教学环境置身于真实企业，形成学生学徒化、师傅教师化的双重身份环境。在这种真实环境中，教师教的不再是枯燥的理论化课程，学生也不再在模拟的环境中训练技能，而是真刀真枪地在对口生产岗位上做一名学徒工。

案例一：

慈溪职业高级中学将数控专业的实训基地延伸至校外，内置在宁波奇奥电气科技有限公司，校企合作共同创办了“奇奥创业基地”。基地运行两年多以来，已有122名学生分两批入驻基地，入驻时间均为一年。从基地反馈的信息看，学生进入基地后，不仅在专业上实现了理论到实践的转换，提高了专业技能，成为熟练工人，而且学生的心理素质、职业素养都发生了深刻的变化。第一批学生圆满完成实训实习任务后，有32名毕业生留在该公司工作，并成为技术骨干。

案例二：

慈溪锦堂职业高级中学结合汽车维修与运用专业的课程改革实验，在“项目循环”教学思想的指导下，探索“岗位群”职业技能培养的创新模式，与汽车维修行业联手创办“锦堂汽车服务有限公司”，将学生课堂搬到企业。该校在企业内置的课堂上做到“4个新”：教学结构新分配。打乱原行政班的模式，实行小班化教学，理论课和专业课同在真实生产环境进行；教学内容新整合。专业课根据企业设备、行业特点重新整合；管理引入新理念。把企业5S管理引入教学中，把上课改为“上班”，教师成为技术主管，学生成为技术工人；教学评价新突破。做到对学生的评价问企业，对教师的评价问学生。

企业内置于学校的共同体模式

这类共同体的一般形态是将与学校对口的企业或企业车间请进学校，师生的感知和实训教学的效果大不一样。

案例一：

近年来，杭州湾中等职业学校配置了价值760多万元的印刷专业生产型实训设备。鉴于新型印刷设备的特殊保养要求，时用时停的学校常规实训和专业人员的缺乏，直接影响了学生的专业实训和设备的使用寿命。学校与慈溪金博印务有限公司合作，将企业整体内置到学校，企业生产设备与学校实训设备资源共享，实训教学与企业生产结合，校企合作达到共赢。原来学校缺乏的专业实训教师全部由企业技术人员替代，企业老总也走进课堂，成为常年专业课教师。

案例二：

宁波行知中等职业学校是一所以现代服务业专业为主的学校。该校引进当地一家知名的计算机公司，在校内开设了迈杰信息技术工作室和艺点文化设计工作室，将教室、实训实习室、生产车间有机地融合在一起，形成“教学—实习—科研—生产经营—社会服务”五位一体的办学模式。在这个内置型的真实环境中，不但按教学计划组织理论教学和实训教学，计算机教师和所带学生还给一些企事业单位安装网络、进行日常的维护，并与入驻企业一起，参与商业软件的开发和网站建设等工作，形成了“实训即创业”的特有培养模式，使学生“能力更强、专业更专”。至今，迈杰工作室已经完成了40多家企事业单位的网站设计制作等任务，得到了客户的广泛好评。

目前，慈溪市职业学校的机电、汽修、轻纺、信息技术、建筑、印刷等主干专业，都形成了各种形式的内置型校企合作实训基地，解决了一些外置型实训实习基地存在的学生实习管理不紧密、实习岗位不对接、实习任务打折扣等诸多难题，实训教学的质量有了显著提高。

【点评】

学校创建特色要善于盘活社区资源，积极寻求社会各界（上级领导、学生家长、历届校友、周边企业、专家学者、新闻媒介等）的支持，优化和拓展学校生存和发展的社会性空间。慈溪市职业学校通过“内置式共同体”，创新了学校与企业合作的模式，提高了教学质量，增强了办学活力，值得借鉴。

专 题 四

如何做（How to do）？
——学校特色的过程与模式

中小学校“办出各自的特色”的过程，是一个复杂多变的过程，是学校有意识、有目的、有计划自觉建设学校的过程。在这个过程中，需要学校师生员工不断地根据学校的办学思想、办学目标，对教育改革的实践行为进行评价与调节，不断改进、完善和优化，以保证学校特色目标和教育模式的实现。

一、学校创建特色的发展规划

学校特色发展规划是指学校在一定的办学理念指导下，根据国家和地区教育发展的战略要求，结合自身实际情况，对未来三至五年学校特色创建过程中的指导思想、主要目标、重点工程、保障措施和实施策略等方面所做出的一系列的规定、安排、运筹和谋划。

（一）学校特色发展规划的前期准备

第一，理解学校特色发展规划的涵义，明确学校特色发展规划的意义，组建学校特色发展规划的班子，开展学校特色发展规划的培训，由此知道：为什么要做？谁来做？做什么？怎么做？

第二，搜集学校特色发展规划的文献。以“学校特色”、“发展规划”、“学校发展规划”为关键词，搜索相关专业书籍、专题论文、专项课题、专门网站、兄弟学校特色发展规划的文本、国家和本地区教育发展的战略规划，等等。访问有关专家学者，获取专业指导，考察有关学校，学习实践经验。

第三，着手学校特色发展规划的调研。调研的对象：校级领导（含部分退休校级领导）、中层干部、教师（含部分退休教师）、学生、校友、家长、社区人士、上级领导等；调研的方式：问卷调查、座谈交流、网络征集等。调研完毕后，要分析学校特色发展规划的资料（调查问卷分析、访谈交流分析、办学历史分析、前期规划分析），撰写调研报告。

（二）学校特色发展规划的基本内容

第一板块，学校特色发展的指导思想。这一部分的重要工作是凝练和表达学校办学理念。办学理念是指一所学校的师生员工对于学校教育活动或现象的一种理性认识、理想追求及其所形成的观念体系。它不仅反映了一所学校的主体信仰、精神气质和文化特征，而且构成了一所学校绵延流传、兴旺发达的理想支撑和精神动力，是学校持续发展的灵魂和命脉，是学校办出特色的关键所在。

第二板块，学校特色发展的目标体系。可分为：发展愿景（对学校未来的一种愿望和憧憬）、整体目标（概括性的）和具体目标（可达成可检验可量化的标准，分若干方面列举）。

第三板块，学校特色发展的重点任务。一般来说，学校发展规划的重点任务往往集中在“师资队伍”、“教学质量”、“德育工作”、

"学校管理"以及"教育科研"等方面。但是，学校特色项目不同，其发展规划的重点任务也就不同。

第四板块，学校特色发展的保障措施。保障措施是一种学校特色发展的支持系统。这个支持系统也因重点任务不同而不同。一般来说有：硬件支持系统（例如，体育艺术特色项目，就需要相应的设施设备才能够开展）、环境支持系统以及社会支持系统等。

（三）学校特色发展规划的组织实施

第一，形成规划文本。文本主要内容包括：①目录；②前言（简明扼要地说明：学校特色发展规划的涵义，我们学校为什么要编制学校发展规划，怎么样完成这个特色发展规划）；③学校特色发展的已有基础（学校简史、学校现状、主要的成就、面临的问题等）；④学校特色发展的指导思想（通过一些载体，用简明扼要的语言把学校对教育的理性思考和理想追求表达出来）；⑤学校特色发展的目标体系（用具体明确的语言把学校期望未来达到的境界和状态表达出来）；⑥学校特色发展的重点任务（为了达到既定目标，学校必须重点要做的工作任务，强调做什么，怎么做）；⑦学校特色发展的保障措施（为达成目标，完成任务，必须要采取的措施等）；⑧附录（正文要简明扼要，一些支撑性的重要资料宜放在附录中）。

第二，审核规划文本。在充分征求各方面的意见后，经编制小组讨论通过，形成待审核稿；校长办公会议讨论通过；教职工代表大会讨论通过；送上级主管部门备案或审定批准。

第三，制订实施计划。长期有目标，年年有计划，月月有重点，周周有安排，天天有打算，时时有效率。把学校特色发展规划逐一分解，落实到具体的人员、具体任务、具体时间、具体地点、具体要求，以及具体奖惩措施。

【案例4-1】

庄市中心学校科学特色创建规划①

一、科学教育背景分析

（一）当今科学教育的地位与作用

21世纪科学技术迅猛发展，世界各国的综合实力越来越体现在科技和教育水平的不断发展，取决于国民科技文化素质的迅速提高。科学思想、科学精神越来越广泛和深刻地影响着人们的世界观与人生观，一个跻身于世界先进民族之林，在激烈的国际竞争中立于不败之地的国家或民族，不仅要在科学技术发展中拥有优势；更要下大力气提高全体国民的科技素质，增强公众对现代科学技术的理解、掌握和运用能力。因此，加强科学技术普及教育，提高全民族，尤其是小学生的科技素质，已成为持续增强国家创新能力和竞争力的基础性工程。

（二）对小学生进行科学教育的意义

加强对少年儿童的科学启蒙教育直接关系到我国国民科学素质的提高。因此，小学科学教育（含生物、化学、地理、物理以及生活中的科学常识）作为向少年儿童传授自然科学常识、培养创新精神和实践能力的基础学科，在全面实施素质教育中有着十分重要的地位和作用。

（三）学校原有科学教育做法与基础

学校为省首批农村示范学校、宁波市首批现代化达纲学校、全国科技活动室试点单位、全国科协团体会员、宁波市优秀科学教学实践基地。学校历来重视科学教育。师资优良，课程实施正常有序，

① 资料来源：浙江省宁波市镇海区庄市中心学校网站（http：//zsxx. zhedu. net. cn/）。原文约11000字，限于篇幅，选编时有删节。

综合实践活动课程建设在区内外有良好的声誉，综合实践活动教研组为2005学年区优秀教研组。课题《乡镇小学综合实践活动策略研究》、《小学学科课程与综合实践活动课程整合研究》分获2003学年、2005学年宁波市教育科研优秀成果二、三等奖。学校多次举行市、区级综合实践活动课程研讨活动，2006学年举行宁波市小学科学教学实践基地研讨会，科学教育受到各界广泛关注。

2006学年，镇海区教育局关于特色办学的精神指出："以均衡、优质、特色为要求，提升基础教育内涵发展水平。""加强特色学校创建，注重学校内涵发展，培育办学特色，加大特色学校建设投入，创建一批特色学校，打造一批品牌学校。"学校将结合自身的实际优势，在原有的良好基础上，将科学教育和综合实践活动课程有效整合，纵深推进，形成学校自主发展的战略思路，全面贯彻落实教育方针的前提下，着力创建科学教育特色。

二、科学特色创建目标

（一）总体目标

贯彻"科技育人"理念，以培养实践能力，提升科学素养为目标，以行动研究为主要方法和工作手段，以生态园、生物角、科学创新实验室、活动室为阵地，以"构建校园科技文化"为切入点，从学校成长、学科发展和学生提高三个纬度进一步普及与提升学校的科学教育，使学校日渐成为科学教育特色学校。

（二）具体目标

1. 构建科学教育的组织机构，从内容、区域、学生出发管理模式，形成科学教育管理体系。

2. 构建起利用校园科学专用场地实施科学教育的运作管理机制，形成科学合理的课程制度、活动制度、评估制度及保障制度。

3. 形成科学教育可持续发展体系，逐渐达成课程的最优化和教育效果的最优化。

4. 促进学校、教师、学生发展，使学校的科学教育达成一定知名度，形成科学教育特色。

三、特色创建具体内容

1. 通过校内科学教育基地（包括生物园、生物角和科技实验、科技创新室）的建设，保障科学教育基地化、活动化、社会化，使科技教育真正落到实处，学以致用。

2. 通过实施科学教育校本课程，进一步普及与提升学校的科技创新教育，促进学校科技教育的系统性、规范性、科学性，培养学生的创新精神，提高学生的实践能力，张扬学生的个性，促进学生健康、和谐、全面地发展。

3. 通过构建班级（中队）科技文化，充分发挥班级（中队）的作用，使学生在潜移默化中接受科技的熏陶，自觉产生爱科学、学科学、用科学的感情。

4. 通过充分挖掘各学科中的科技教育资源，在学科教学中有机渗透科技教育，促进学科教学与科技教育的整合。

5. 通过各项科技教育活动的组织开展，实现科技教育内容与形式的和谐统一，让科技教育丰富多彩、生动活泼，充满生命活力，同时为学生提供更多的科技实践体验机会，从而更好地培养学生的实践能力和创新精神。

6. 通过科技辅导员队伍建设，提高科技辅导员的素质，从而有效地提高科技教育的质量。

四、特色创建实施原则

科学学科实施素质教育除必须遵循教学的一般原则外，还应根据本学科的实际，强调以下几项原则：

①整体协同原则；②层次递进原则；③主体参与原则；④愉快原则；⑤主动参与原则；⑥活动渗透原则；⑦“教、学、做合一”原则；⑧“普及与提高相结合”原则。（详细内容略）

五、特色创建实施途径

（一）更新教育观念，达成教育共识

在科学教育特色创建领导小组带领下，开展系列学习活动，进行思想理论、案例分析等学习，通过讲座、论坛、评比等形式，使全体老师了解科学教育基本的操作方式，具有进行科学教育的基本素质，能自觉地在教学中进行实践，逐步提高全体教师科学教育的意识，达成共同的理念。

（二）整合相关资源，优化课堂教学

整合各学科资源，达到资源共享，优势互补，发挥科学教育的综合育人功能。通过学科资源的整合，达到教学方法的改进，教学效能的提高，教学手段的创新。课堂教学过程中，要求老师们把科学课程的总目标落实到每一节课中，提高科学课堂教学效益；用丰富多彩的亲历活动充实教学过程；要树立开放的教学观念；要积极恰当地运用现代教育技术手段；加强课堂教学反馈。要注意当堂反馈，及时矫正，不断改进教学。

（三）积极拓展空间，开展实践活动

积极拓展学生活动空间，在课堂教学、兴趣小组、校园德育活动中，在“一园、一角、两室”园场活动中开展主题探索活动和自主探索活动。通过实践活动，最终发展学生的创造能力、实践能力、综合运用的能力等，利用所学科学知识、科学创新技法去改造世界、改善生活的能力。

（四）多种途径结合，营造科学氛围

本着“让校园的每一面墙都会说话”的教育理念，通过宣传窗、黑板报、广播站、电视台、生物角、生态园、科技活动室、科技创新实验室的动态科学宣传和环境布置等活动营造校园科学氛围。通过庄小网站、庄小博客、庄小科学网站的资源加强互动、交流，资源共享。加强科学教育校外宣传和自我激励评价，做好宣传指导、典型引路、成果推广工作。

（五）重视科研引领，形成科技特色

学校将以课题为依托，积极探索科学教育实施的有效途径，逐渐形成科学教育特色。让学生有探索的主题，能设计研究方案、观察方案，具备做小课题、写小论文的能力；教师有研究专题，能独立承担科学教育子课题研究，学校以课题为依托，力争成为浙江省省级科技教育特色学校；成为开展科技教育和教科研基地及示范性学校，成为地区师范类院校科学教师实践实习基地。

（六）突出三个协调，处理三个关系

要突出新的科学教育条件与新的科学教学方法的协调；新的教学资源与新的学习方式的协调；科学素质生成和综合素养提升的协调。正确处理好三个关系：教与学的关系，过程性评价与结果性评价的关系，全面普及与个性发展的关系。

六、特色创建保障措施

（一）建立组织机构，落实过程管理

确定组织名称、组长、副组长、组员、顾问、生态园组成人员、科技创新实验室组成人员、科学探究性实验室组成人员、班级生物角组成人员、校园文化建设组成人员，通过建立决策机制、调研机制、会议反馈机制、协调沟通机制，层层落实过程管理。（详细内容略）

（二）加强学习培训，锻造师资队伍

学生是科学教育活动的主体，教师则是活动的策划者、引领者、参与者。因此，建设一支素质优良的师资队伍尤为重要。科学教育师资来源为本校教师、外聘教师，比如宁波大学基础学院教师等；师资培养的形式为物色人员校内重点培养，主要是现有的科学专职教师和综合实践活动专职教师；师资培养的途径为外出选派培养、自主学习等。师资培养的内容主要有：一是引导教师树立科学素质是最重要的素质的意识；二是加强教师对科学知识的学习与研究；三是培养教师指导系列科学教育活动的能力和水平；四是继续实施“问题驱动”战略，提高课堂教学水平。

（三）优化研究条件，保证资金投入

为保证科学教育特色的形成，学校将设立专项基金用于特色创建。同时学校也将积极争取庄市街道政府、社会力量的大力支持。

（四）编制校本课程，提升科学特色

学校将根据科学与实践这个中心轴，编写“主题探索共享读本”，教材共八册。每册教材从“一园”、“一角”、“两室”、学科综合五个方面来编写。每个主题分为文化起源、知识了解、实践过程、探索发现、综合运用、拓展延伸、资源宝库七个板块。各个主题不单独存在，既有活动内容的前后衔接，又有活动能力培养的螺旋上升。教材将图文并茂，既是教师组织学生开展活动的教案，又是学生自主开展活动的学案，同时也是家长指导子女开展活动的参考书。

七、特色创建区域规划

（一）园场设计

1. 功能定位

生态园功能定位：利用生态园为教学提供直观材料；利用生态

园为生物知识的实践运用提供场地；利用生态园开展课外活动；利用生态园进行环境教育；利用生态园进行劳技教育。让更多的孩子能亲历科学探究活动，在参与的过程中产生体验、感悟，最终内化为自身的科学素养。

班级生物角功能定位：学生带来动植物进行自主饲养和种植，让学生有自主实践的空间，让学生在感兴趣的内容中选择所要研究的对象，在老师的辅导下进行综合实践活动课程的研究。发挥班级生物角多重育人功效，培养观察能力、探究精神，锻炼实践能力，培养学生的爱心、责任心和劳动意识，丰富学生的习作素材，丰富校园的文化生活，美化校园、教室环境。

科学活动室功能定位：面向全体学生，让每一个学生都有均等的机会参与基本的科学知识的学习和操作技能训练。通过让学生动手操作古典益智游戏等活动，了解我国博大精深的科技文化。对活动室展出的科学常识有所了解，初步具有一定的科学知识。

科学创新性实验室功能定位：发展学生的个性和特长，培养学生自主科学探究的能力和创新意识；允许学生各做各的实验，允许学生选做自己喜欢的实验。创新性实验室在课余、节假日像阅览室一样向学生轮流开放。

2. 目标设置

生态园目标设置：①通过一系列的主题式探究活动，让学生感受、理解有关知识的产生和发展过程，增强学生动手操作能力即实践能力。②通过对生物园花草的日常护理，培养学生热爱自然、热爱生命、积极向上的精神。

生物角目标设置：①一二年级饲养和种植一些观赏性的生物。初步获得生物的感性认识，培养热爱大自然的思想感情，具有保护植物、爱护有益动物的意识。②三四年级饲养和种植一些与科学课本相配套的生物。开始了解有关生物的理性认识，初步树立关爱生物人人有责的观念。在老师的辅导下写科学小论文。③五六年级饲养和种植一些与科学课本相配套的及自行研究的生物。开始懂得生态平衡，了解本地区的生物状况。在老师的辅导下结合小课题研究。

科技活动室目标设置：①通过动手操作、实验探究，学习、了解科学探究的基本环节，养成思维习惯，初步体验探究性学习。②感悟科学的思想、方法和精神，发展科学情感。③教师逐步适应科学课程的教学方式，为广泛开展探究性学习积累经验和方法。

科学创新性实验室目标设置：①让学生保持对自然世界的好奇，领略自然、社会的美好与和谐，关注人类生活，有可持续发展的意识。②有初步的探究能力，树立正确的科学观，有振兴中华的抱负。③具有创新意识，勇于有根据地怀疑，有大胆想象的科学态度和科学精神。

3. 内容设计（详细内容略）

①生物园的建设规划；②班级生物角建设规划；③科学活动室建设规划；④科学创新性实验室建设规划。

（二）配套设计

1. 实施“科技创新教育”的校本课程

为了进一步普及与提升学校的科学教育，保障科学教育的系统性、规范性、科学性，我们认为我们的科学教育必须依托课程进行教育。我校在充分挖掘地方资源和校本资源的基础上，开发了以“科学创新教育”为主题的共享读本。

课程的总目标：培养学生的实践能力和创新精神，并以此为突破口，带动学生综合素质的提高，张扬个性，促进学生健康、和谐、全面地发展。

课程的具体目标：情感、态度、价值观目标；认知目标；能力目标。（详细内容略）

校本教材概况：三至六年级各分上、下两册，共八册。教材内容丰富、形式多样，主要分为动植物探究、农作物培植、科技活动、探究创新、社会实践、学科整合。共享读本充分考虑各年级学生的年龄特点与认知特点，力求图文结合，生动有趣，可读性强，富有指导意义。

课时安排：三至六年级每周安排2课时，一、二年级及兴趣小组上午、下午利用大课间各活动十分钟，每学期至少有40课时。

课程评价：以“客观真实、促进发展”为原则，注重过程评价与终端评价相结合，尤其注重情感与态度的评价，体现评价的多元化与多样性。做到：①课时有保障：三至六年级每周安排2课时，一、二年级及兴趣小组上午、下午利用大课间各活动十分钟，每学期至少有40课时。专课专用，教导处抓好督查工作。②上课有研究：加强课程教学的课堂研讨活动，开示范课、研讨课、展示课等，保证课堂教学质量。③课下有评价：抓好课程教学的平时考查与学期考核评价，包括学生与教师，充分激励师生的健康成长。相信，通过共享读本的实施，我校科技教育之路会越走越扎实，越走越宽广。

2. 构建班级（中队）科技文化

①主题明确：各班级（中队）以一个学期或一个学年为期限，依据班级（中队）特点，结合学生实际、教师专长，确定构建科技文化的主题。②氛围浓厚：围绕主题，搞好教室宣传布置，如科技

角、科技园地、科技板报、科技小报、科技橱窗、科技专栏等，学校组织考查评比。③活动丰富：每个学期开展若干次科技主题班队会或一项科技系列教育。

3. 在学科教学中渗透科技教育

①引导教师充分挖掘各学科中的科技教育资源。②搞好学科教学中渗透科技教育的研究，结合语文、数学等学科的教研活动，学科渗透科学教育的示范课、研讨课、展示课等活动，每学期公开展示至少1节。

4. 开展科技教育活动

由学校少先队总部进行统一部署，主要抓好如下活动：科技文化节、科技文化月、科技文化周、各科技主题活动、科技特色活动、科技“十佳”评比、科技“十小”竞赛等。将原有的学校艺术节和科技节两节合并，在节日期间，举行科技知识竞赛、校园科学吉尼斯活动、科普讲座等。

5. 科技辅导员队伍建设

①建立一支力量强大的校内外科技辅导员队伍。②明确科技辅导员的工作职责。③进行科技辅导员培训。④开展科技辅导员考核评优。

八、特色创建成果设想

特色创建的成果从学校、教师、学生三个方面做如下的设想：

学校：力争成为浙江省省级科技教育特色学校；成为宁波市乃至浙江省开展科技教育和教科研基地及示范性学校，形成较好的区域影响；力争成为地区师范类院校科学教师实践实习基地，有一定的学术研讨地位。

教师：学校教师整体水平在创建过程中得到有效提高；年轻教

师的专业素养、科学教育能力得到可持续发展；学校能涌现一大批热爱科学教育事业的骨干教师，能在科学教育领域或其他学科领域有效开展科学教育，在市、区内有一定的知名度。

学生：具有学科学、爱科学、用科学的科学意识；具有求真务实、探索发现的科学能力；学生的整体素养得到提升。

【点评】

庄市中心学校科学特色创建规划，背景分析准确，目标清晰具体，工作内容明确，实施原则恰当，保障措施得力，思想性、针对性和操作性都很强，反映了规划编制者的科学态度和执著追求。

二、学校创建特色的一般过程

学校创建特色的过程处于不同的阶段，就会表现出相应的特征，它有着自身的规律。

（一）特色孕育阶段

这是一个特色的设计与酝酿的阶段。在这个阶段，校长初步形成了自己的办学思想，学校领导班子团结协作，积累了一定的办学经验，学校特色目标，经过反复筛选已经确定，并为广大师生员工所接受。办学基本条件齐备。学校规章制度比较完善，各方面的管理有一定的规范。

在这个阶段。学校要做好三个分析：

1. 宏观环境条件分析

宏观环境条件分析，主要是把握学校创建特色的时代背景，跳出学校看学校，走出教育看教育。学校要了解社会政治、经济、文化发展的形势以及对人才培养的要求，要了解国内外教育改革的总体趋势和动向，要了解教育政策法规的基本精神，要了解教育理论研究的一些热点、重点和难点，等等。这样可以避免学校特色设计时的狭隘眼光，少走弯路。

面向新世纪新课程，我国的教育进行了从“应试教育”向素质教育转轨的战略部署，其根本目的是克服“片面追求升学率”造成的教育异化，减轻学生的负担，使学生生动活泼地、健康全面地发展。它是全面贯彻教育方针，落实教育目标的重要举措，也是提高全民族素质的必由之路。新课程改革的实行，《国家中长期教育改革和发展纲要》的颁布，对我国教育的影响必将是长久而深远的，作为学校的管理者，在进行学校特色设计时不能无视这个基础教育改革的指导方针。必须从宏观的角度，考虑整个国家的教育目的和教育改革对学校的影响。只有这样设计的办学特色，才能促进和保证学校的教育活动更有效地开展，才能更有利于学校育人工作的进行。

2. 中观环境条件分析

进行学校的特色设计，我们还要考虑学校所处的周边的社会环境，即社区环境。学校不是一个孤立的组织，它与周边的社会环境是融为一体的。学校所在的社区的人文环境、经济环境、自然环境等因素，既对学校的育人提出相应的要求，也会影响学校的特色设计的定位。

学校所在的社区的现状和发展趋势，特别是社区的政治、经济、科技的环境及人才的需求状况；人口年龄分布及对教育事业发展的影响；社区的人文环境，其中突出的如社会风气、文化传统等对学校的影响，所有这些因素都会对学校的教育产生相应的制约作用。只有根据学校所处的社区的客观现状制定出来的学校特色设计，才能切实可行和符合实际，也才能最大限度地争取到社区的物质上及精神上的大力支持，也才有利于学校管理工作的顺利开展，以实现学校的特色设计。

3. 微观环境条件分析

学校特色设计是学校管理活动的努力方向和理想的办学境界，特色项目既不是现在已经达到的要求，也不是经过努力还达不到的境界，而是即将开始实行并能一步一步实现的目标。目标总是指向未来的，但要立足于现实基础之上。因此，进行学校的特色设计，要从学校的现实出发，实事求是，根据学校的人力、物力、财力、生源、师资、领导班子、设施设备、校园环境、已有办学成绩等进行认真的分析研究。既要看到有利的方面，也要看到不利的因素，更要看到发展的潜力，使设计出来的学校特色，既不脱离实际，不盲目拔高；也不要思想保守，不因循守旧，做到扬长避短，挖掘潜力，经全校师生的努力，完全能够实现的理想办学模式。

（二）特色生长阶段

这是学校特色的展开与营建阶段。在这个阶段，学校特色建设全面展开，内外环境不断优化，全体师生员工为特色目标吸引，焕发出极大的工作热情，特色目标经过分解开始层层落实，部分的阶段成果已初步显露，并为同行和社会各界所关注。

在这个阶段，要处理好三个关系：

1. 要处理好共性与个性的关系

这是密不可分的两个方面。共性存在于个性之中，个性包含共性，并表现共性和丰富共性。例如：所有的学校都要贯彻党和国家的教育方针，面向全体学生，实现全面发展，提高学生整体素质，这就是共性。但具体到每一所学校的教育教学和管理工作中，又不会、也可能、更不应该是千篇一律的，这就是个性，即独特性。

2. 要处理好继承与创新的关系

从某种意义上说，学校特色的形成过程是对学校文化的一种传承与创新过程。学校文化是学校成员在长期的生产、生活实践活动中共同创造、发展起来的。它一旦形成，就会成为一种巨大的惯性力量，总是以“传统”或“习惯”的形式影响人们的行为取向。崭新的富有活力的学校文化总是根植于已有的文化土壤之中，是原有文化的新生和发展。所以，创建学校特色，必须检讨学校已有的文化传统，注意甄别，正确取舍，应该吸取精华，去其糟粕，继承优良传统，争取积极的生发。

3. 要处理好局部和整体的关系

从局部和整体的关系看，学校特色形成和发展的过程，是以某一特色项目为突破口，带动全局优化发展的过程。研究大量的办有特色的学校案例表明：这些学校总是以一、两方面的工作为突破口，进而启动全局工作优化才形成特色的。学校发展过程中，总是有很多的矛盾，其中有普遍性矛盾，主要的矛盾；也有特殊性矛盾，次要的矛盾，抓住了主要的、特殊的矛盾，也就抓住了发展的“瓶颈”和“突破口”。局部的优化要以整体优化为基础，整体优化要靠局部优化来启动。学校特色的形成，实际上就是抓住学校“牵一发而动全身”（主要的、特殊性的矛盾）的某一方面工作进而促进整体优化的结果。这就要求我们在学校特色的建设过程中，要处理好局部和整体的关系，要处理好特色建设和一般建设，即全面发展的关系。

（三）特色成形阶段

这是学校特色初步显露成果并需要进一步升华发展的阶段。在这个阶段，预定的阶段特色目标基本实现，学校独特的、优质的教育风貌已经形成，并在师生中形成一种心理定势。办学经验得到升华，办学成果在内外部的相关范围内能得到一致的认同，以特色项目为“龙头”带动全局整体优化的新办学机制形成一种良性循环，使学校特色不断向更高、更深、更广的层次发展。

在这个阶段，要处理好两个关系：

1. 要处理好“做得好”与“说得好”的关系

有些学校很有特色，但是知之者甚少；有些学校的特色名气很大，但深入到学校考察却令人失望。前者做得好但说得不好，后者说得好但做得不够好，两者都不可取。学校创建特色不仅要做出成绩，而且要告诉大家，要把取得的经验总结升华到理论高度，要善于运用校园网、博客、播客、著作、论文、课题、会议、专题活动等媒介和途径，传播推广学校品牌形象，优化和拓展生存和发展的社会性空间。

2. 要处理好“保持”与“深化”的关系

学校特色创建活动永远都是现在进行时！学校特色初见成效，要保持，要稳定，但更重要的是不断深化。正所谓“逆水行舟不进则退”，一所学校的“特色”声誉会随着时间的流逝而减弱。因为它所创造出来的特色会被其他学校所效仿，特色不“特”了。即使不被效仿，一个耳熟能详的“老特色”，也必须随着时代的发展而不断发展。所以，“特色”要在原有基础上不断深化。

【案例4－2】

“玩”出一片新天地①
——东鄌小学科技教育特色扫描

东鄌小学位于广东省佛山市禅城区西部，坐落在一条小街的不起眼处，原是一所村办小学，现为街道和村合办。学校有24个班，约1 200名学生，其中很多是外来务工人员的子女，代课教师占半数，办学条件一般。

然而，就是这样的一个“不起眼”的学校，中央电视台“走近科学”栏目、《广东教育》等省市媒体纷纷到学校采访报道，一批又一批同行到学校参观考察，他们常常惊叹“三个想不到”——想不到校长和教师能有这样先进的理念和共识；想不到一间村办学校能开发出如此独特又有影响的校本课程；想不到一个课题实验能为学校带来这么大的变化。

村办小学怎么敢“玩”科技呢？

杨翠校长说，东鄌小学科技教育课程开发历程大致经过三个发展阶段。

第一阶段，从小制作兴趣小组起步：

1986年教育部颁布了《义务教育全日制小学、初级中学教学计划（初稿)》，不仅规定了学科课程，还首次把课外活动纳入课时。学校严格执行有关规定，每周坚持开展丰富多彩的兴趣小组活动。据不完全统计，全校有近三十多种兴趣小组活动类型，其中一种是小制作兴趣活动，通过小制作活动，培养了一大批有特长的学生，

① 本文根据《广东教育（综合版)》2009年第10期《科技领跑，各育并举》以及杨翠校长在校长论坛上的发言稿整理而成。

在各级竞赛中取得较好的成绩。但是因为作为辅导员的教师们都缺乏正规的专业培训，辅导水平参差不齐，限于当时的条件，学校不可能以课程的概念加以统领，所以也不可能向更高水平发展。

第二阶段，从小制作兴趣小组到模型实验组：

2000 年 6 月，禅城区团委、少工委组织了一次大型的兴趣活动观摩活动，学校少先队大队部承担了接受观摩的任务。为了让每一位队员都能积极参与，大队部在学校操场设立了展览区、创作区、表演区和制作区。展览区主要展示队员们平时参与兴趣小组活动的成果。创作区让学生进行科幻画即场创作。表演区则搭起了 T 形舞台，由学校专业队队员表演。模型区给队员们提供现场拼装的材料和操控场所。随着活动时间的流逝，老师们惊奇地发现：聚集在模型区的孩子越来越多，连一年级的小朋友也被吸引，他们为了让蝴蝶直升机飞得更高，为了让战舰航行路线更直，为了让四驱车跑得更快，对精心制作的模型不断地调试，反复地拆装。在活动中孩子们体验到科学的大道理就蕴涵在小小的模型中，感悟到螺旋桨产生的反动力，使空气向上推动飞机飞行；感悟到橡皮筋扭曲和拉伸变形储存的能量，带动螺旋桨驱动舰艇模型航行；感悟到直流电动机带动车轮使车辆前进。

看着兴趣盎然的孩子们，老师们被震撼了：兴趣爱好往往能成为一个人成才的动力，而科技模型又是青少年喜爱的活动，孩子们在活动过程中，能激发起发明创造灵感，养成观察、探究的创新习惯，这是多么难得的教学资源啊！为什么不集中精力把它做大做强呢？学校当即研究决定：成立“四模”实验组（注：“四模”即建筑模型、航空模型、航海模型、车辆模型），从模型制作活动入手，开展有指导的科普自主活动。

2001年12月，学校建模小组的同学代表佛山市参加由国家体育总局、中国建筑学会举办的全国第三届青少年建筑模型竞赛，一举夺得一等奖的第三名。首次参赛就意外地在国家级比赛中取得如此骄人的成绩，这不但激发了老师们的积极性，更得到了学校领导的重视，也引起了各级的关注。于是，科技活动在学校蓬勃开展，组建低、中、高年级三个实验组，利用每天下午的第二课堂时间训练。“四模”活动教研组的老师在教学过程中，还注重理论学习，努力寻求理论支撑，归纳出“四模”制作活动具有多样性、趣味性、实践性、探索性、竞争性等特点。看到孩子们只要一拿到模型材料，那种兴奋与满足以及一次次激起的创造热情，指导教师也一次次地被感动。老师都觉得：充满活力、充满自主、充满自信的课堂，正是每一个教育工作者所期盼的，对“四模”活动必须向纵深方向继续推进，为孩子们今后的发展奠基。

第三阶段，把“四模”玩进校本课程：

随着课改的深入，学校觉得以模型实验组的形式开展科技活动，对象只是部分学生，而且内容狭窄。如何真正实施“面向全体学生，以学生发展为本，让每一个学生得益”的理念，学校决定对科技活动重新梳理、拓展，要让科技活动成为一种教育，让科技教育抵达课堂，将科技教育校本化，让学生在玩“四模”的同时，接受科技创新教育，创建有利于学生个性特长、全面发展和创新潜能发展的教育模式，把科技特色定位为学校发展方向。

学校科技教育校本课程设计分两个层面，一是将“四模”纳入课程；二是结合综合实践活动开展头脑奥林匹克（OM）活动、头脑急转弯、小学生创新设计、小发明、科学幻想绘画、科学小论文、创新金点子等发明创新活动。这样使学生参与科技教育的活动空间得到拓宽，学生创新意识在认知领域、情感领域、活动领域、思维领域等方面得到更全面的培养。

2005年9月，“四模”课进入了学校的课程表，并以省级课题的形式进行研究。大家认为，青少年科技教育的目标不是要培养几个拿奖牌的学生，而应该面向所有学生，做百分之百的科技教育普及。通过科技教育，引导学生从小树立科学态度，掌握科学方法，培养观察、思考、操作的能力和创造发明的意识，增强他们对科学技术的兴趣，提高科学素质，为培养人文素养与科学素养兼备的人才打好基础。于是，每周各一节的“四模”课与综合实践课“风雨”无阻。从此，科技校本课程就这样开始改变着课堂，改变着师生，改变着学校发展模式。

怎么解决辅导教师的难题呢?

科技教育的关键是要有一支高水平的科技教育师资队伍。科技教育考量着“辅导员”的科教素养，当务之急是要建立相对稳定、师德高尚、业务精湛的科技教育师资队伍。

东鄱小学在科技教育队伍的建设过程中“摸着石头过河”，形成了“三先三后”的培训经验：

第一，先外聘后校本。

学校依托教研室、少年宫、科学馆等部门丰富的专家资源，聘请专家到校指导，向专家牵手，向专家学习，掌握制作技能和辅导方法。通过专家培训带出一批骨干教师后，立足本校，充分发挥骨干教师的带动作用，学校专门设立了科技教育中心教研组，将全校的教师组织起来，定期开展辅导教师的业务研究，以教研组活动为辅导教师专业水平提高提供有效途径，使教师们尽快适应科技教育的工作的需要，融入学校的发展大计。学校一方面从校外聘请高水平的专家指导教师；另一方面，则是花大力气培养本校教师。我们对科技教师实施了东鄱小学版本的培训：“非常6+1”（三个磨练+三个空间+一个专家引领），有效地培养了一批科技骨干教师。

①坚持“三个磨练”（磨基本功、磨课、磨教育思想），为科技教师发展“固本强基”。②提供三个空间（总结空间、展示空间、个性发展空间），让科技教师走上成长的“快车道”。③专家引领，缩短科技教师成长的“助跑期”。

经过多年来的努力，目前已有很多教师脱颖而出，24位班主任都能上好“四模”课，24位副班主任都能上好科技综合实践课，优秀的科技教育梯队已初步形成。

第二，先学习后发展。

最是书香能致远。学校加大了教师学习的力度，通过有计划、有组织地开展学习，使东鄱小学的“每一分子”都能恒久地保持推动自己向前的“创造性张力”，而学习的方式和内容也是多种多样的，提倡从书本上学习、在实践中学习、向同行学习、向专家学习、向学生学习。还通过“科技教育论坛”方式，对科技教育工作进行理性的思考，切实解决教育教学中的实际问题。随着教师们对科技教育活动的重视程度和学习热情的不断提高，教师们组织活动的能力也有了明显的提升，显示出了良好的素质。在一次学习交流会上，小丁老师深有体会地说：“通过‘四模’校本课程的开发实践，使我感受到“四模”教育内涵极其丰富，涉及文化、艺术、历史、数学、物理、科学等多种学科。作为一名‘四模’教师，仅仅具备‘四模’的基本知识和技能是远远不够的，还要了解人文学科和自然科学的知识，通俗讲就是要‘上知天文地理，下知鸡毛蒜皮’。学习不仅使我能驾驭‘四模’活动，而且使我‘悦’读阅美!”

第三，先教案后教材。

没有经验可以借鉴，一切都靠自己摸索、实践、创造。“四模”校本课程开发初期，并无完备的教材，如何编写教材，提高质量，成为“四模”教育紧迫的科研任务。这就要求教师在完全没有课本的情况下广泛收集材料写出教案。教师们根据“四模”教学的特点，凭着自身多年的实践经验，从学生感兴趣的比较简单的风筝、纸船、纸飞机等开始，运用大量的图片，配以简洁的文字说明，介绍有关基础知识和方法。教师将平时点点滴滴的积累，集腋成裘，整理成教案，力求让教案深入浅出、由易到难、循序渐进、通俗易懂。由于教师们积极动脑筋，多想办法，对教案不断地进行内容的延伸、改编、创造、充实，一个又一个的教案，终于变成一节节适合不同学段的孩子的教材。教师编写教材的能力就这样培养出来了。

“1+1>2”：共同为孩子打造“梦想剧场”

如何对科技教育资源进行整合与开发，如何最大限度地挖掘现有科技教育资源在校本课程建设中的重要作用，形成资源优势和合力，是东鄌小学人所面临的一项重要任务。为实现资源的整合，学校设计并实施了“六个一工程”：

第一，一支专家指导队伍。

将科技作为校本课程来开发，学校有天然的优势：学校邻近全国青少年科普教育基地——佛山市科学馆和广东省青少年科技教育基地——佛山市青少宫。为了组成科技教育课题实验的“导师团”和“智囊团”，我们想了很多办法，构建教研室、青少年宫和科学馆总指导的三级网络。在课程专家的指导下，我们从八个方面研制出科技教育课程纲要，使科技课程教学更正规化、科学化。

第二，一个学生课外活动基地。

科普场馆等都是可以充分利用和依托的科技教育力量。我们利用和开发这些资源，使学生科学素养培养得到社会教育资源全程、多方位的支持。拓展青少宫、科技馆、博物馆、图书馆和实践基地等社会资源，使科技教育的空间更大，学生科技兴趣更广泛。

第三，一个数字科技信息平台。

科技教育需要信息化的支持。学校争取办学单位的支持，完善了校园网，购置了大量的科技教学软件充实学校的科技教育信息库，增添了大批科普读本及教师用书，为师生获得科技教育信息提供更充足基础。学校还配备近百部适合少儿观看的教育、科普影片的“梦想剧场”，让学生们在有限的时间内，最大限度地进行体验和实践，满足学生的兴趣爱好和需求。

第四，一个适合科技教育的校园文化。

在构建校园文化中突出科技文化，校园学科学、用科学的氛围浓厚，努力让每一堵墙、每一片视野都能激起学生的好奇心和探索的欲望。我曾对记者说“我们要让师生浸润在书香中，要用书香为科技创新教育添翼，只有人文和科技结合，孩子们才能感受科技魅力，放飞创新的梦想”。走进东鄱小学，学校最漂亮的场室就是集展示、教学、制作于一体的科技室。还有“图书超市”、“悦读周刊”、“四模”号科普书香快车、科技文化长廊、书香长廊……

第五，一个家长合作同盟。

有人说：“玩科技是需要耗费大量金钱和时间的”。凭着学校并不富裕的“钱袋子”，面对普普通通的农家学子和外来工子弟，这门课程能开起来吗？会不会耽误时间，影响教学质量？能不能取得学生和家长的理解与支持……这种种的疑虑和担忧，不只存在于教师的脑海中，同样也在校长的心中徘徊。为了争取家长的支持，我们加强对学生家长的宣传。通过家长委员会、家长会、家访、科技教育开放日等让家长清楚学校开设科技课程的目的、意义及做法，从而取得家长的配合和支持。

第六，一个有远见的“老板”。

学校立足创出科技教育的品牌，用声誉换待遇，争取办学单位支持。办学单位又有着尊师重教的优良传统，投入科技教育的资金逐年增加，完善了科技室，购置一批“四模”教学设施，满足“四模”教学的需要，使学校科技教育条件好、师资强，师生外出参赛和学习的经费有保障。

学校的创新点就在于“拆除围墙”，充分整合和利用社会科技教育力量，实现学校、校外科技教育机构以及社会科普教育资源三方面的分工合作，通过打破校际和区域界限整合科技教育资源，为学生搭建的开放多元、互动协作、自主创新和亲历科学的四个平台。没有围墙的科技教育的社会大校园无疑为学校科技教育的发展带来充满希望的春天，提供了更为广阔的舞台。

【点评】

“十年磨一剑”，功夫不负有心人，科技教育特色也已经成为东鄱小学素质教育一张响当当的“名片”。他们从小制作兴趣小组起步，到模型实验组，再把“四模”玩进校本课程。在解决专业辅导教师方面，他们也有一套：先外聘后校本，先学习后发展，先教案后教材。他们一步一个脚印，步步为营，扎实有效，所以取得了今天的成效。他们创建特色的过程具有广泛的借鉴意义。

三、学校创建特色的基本模式

模式是一种重要的科学操作和科学思维方法。它是为解决特定的问题，在一定抽象、简化、假设条件下，再现原型客体的某种本质特性；它是作为中介，从而更好地认识和改造原型客体，建构新型客体的一种科学方法。从实践出发，经概括、归纳、综合，可以提出各种模式，模式一经被证实，即有可能形成理论；也可以从理论出发，经类比、演绎、分析提出各种模式，从而促进实践发展。“模式是客观实物的相似模拟（实物模式），是真实世界的抽象描写（数学模式），是思想观念的形象显示（图像模式和语义模式）”① 从学校创建特色的实践来看，其基本模式大致有以下几种。

（一）在传承历史中超越

办学历史的长短直接影响着学校的文化底蕴。有的学校有几十年、近百年甚至几百年的历史，风雨兼程，英才辈出，积淀了深厚的文化传统，留下了很多的品牌故事，因而也就铸就了独特的文化个性。因为有“过去”，所以每个组织都形成了自家的“特有语言或行话”，要获得一个特定组织的有效的实际知识，只有在该组织从事实际工作才有可能。学校也是一样，都有自家的“特有语言或行话”。寻找北京大学的文化个性，绕不过蔡元培及其“思想自由，兼容并包”的治校理念；挖掘南开大学的学校精神，绕不过张伯苓及其“允公允能，日新月异”对一代又一代师生员工的熏陶感染。学

① 查有梁．教育建模［M］．北京：教育科学出版社．2003（5）：5

校特色只有深深地扎根于这种“特有的语言或行话”之中，才会有生命力。

【案例4－3】

以孔子文化为依托建设校本课程①

南京市夫子庙小学是一所百年名校，是目前国内唯一以“夫子”命名的学校。1907年，南京夫子庙大成殿学官建校，在百年的办学实践中，学校一直坚守着固有的文化传统，传承孔子教育思想，从“亲仁、尚礼、志学、善艺”等方面践行素质教育，形成了鲜明的孔子文化办学特色。

新一轮的课程改革给夫子庙小学的发展带来了更多活力。在提高国家课程实施水平的同时，夫子庙小学从“文化传承和教育创新”的视角，认真思考、探求校本课程的开发与实施。

校本课程开发基于学校传统文化

夫子庙小学有明晰的校本发展愿景：具有浓厚的地域特色、深厚的文化底蕴，更关注素质教育的人文性问题，以人为本、立足于人，用优秀的传统文化浸润教育，寻求民族文化特色鲜明的素质教育发展新路，进一步提升学校的文化品格，改善师生的生活方式，凸显夫子庙小学独有的文化气质，激发生命的智慧成长。

学校课程委员会提出了“择善而从，建构星星论语课程群”的课程规划开发策略，制订了学校层面的《校本课程规划方案》，以星星论语课程为主干，生发出若干个微型课程，形成以“科学探究、社会交往、个性发展”为维度，以“亲仁、尚礼、志学、善艺”为

① 冯爱东．以孔子文化为依托建设校本课程［N］．中国教育报．2008年10月24日第5版

主题的校本课程架构。每一个星星论语微型课程都制定了《课程纲要》，对课程目标、内容、实施、评价有着清晰的规划。

如“尚礼”主题为：“有礼者敬人。敬人者，人恒敬之”，着力于学生文明礼仪规范的养成，践行“孝、恭、敬、宽、和、信、敏、惠”等传统美德，引导学生学会做文明人，学会与他人交往，学会生活，凸显夫子庙小学人的人格特质。其微型课程主要有两类：一类是传统礼仪课程，如一年级新生的“开笔礼”、三年级学生的“成童礼”、六年级毕业生的“状元礼”；一类是礼仪实践活动课程，如“文明小天使”、“秦淮小导游”。

在传统礼仪课程中，“开笔礼”通过“点朱砂、读论语、学写‘人’字、赠开笔礼证书、金桂树挂许愿卡、撞启蒙钟”的仪式，让夫子庙小学的新生初步感受中国传统文化的熏陶，明确学习是最重要的责任。

“成童礼”通过“诵成童歌、向长辈躬身行礼、拥抱大树、梳头别花、赠红蛋、吃‘启十’面”的仪式，启迪夫子庙小学10岁的孩子崇尚自然、敬畏生命、学会知恩。

“状元礼”通过“校长宣读毕业生名单、学生登状元台、授毕业证书及状元红丝带、毕业生宣誓、唱校歌、向师长行礼、同学深情拥抱”的仪式，让学生体验“今天我最好，明天我更好”，激励每一个夫子庙小学学子带着喜悦、心怀感恩、励志成才，从夫子庙小学走向更广阔的天地。

以教师团队为主体开发星星论语课程

在夫子庙小学，教师是星星论语课程编制的主要群体，他们提建议、审建议、收集资料、作研究、联系家长和其他非专业人员，在课程专家的指导下，编写和创作课程资料，在课堂里实施课程，并从学生那里获取反馈，对课程进行评价。

夫子庙小学用教师课程团队引领学校课程建设。4个主题都分别有各自的教师团队："亲仁"课程团队、"尚礼"课程团队、"志学"课程团队和"善艺"课程团队。在体现教师个性的"创想课程"里有3个颇具特色的教师团队的工作坊——"乐学坊"，内设青年教师的"博学坊"、骨干教师的沙龙"思辨苑"、名特优教师的"聚星轩"。它们是夫子庙小学教师彼此学习、坦诚交流、合作互助、专业性探究的平台，引导着教师以孔子教育智慧启迪自己，"博学笃志、切问近思"，在专业化成长中不断创生课程、完善课程，提升课程建设的能力。

同时，夫子庙小学也给学生提供开发和实践课程的机会，如"小小孔子研究院"、"我能行俱乐部"等学生自主参与建设的平台，调动了学生的积极性，满足了学生的发展需要，成就了属于学生自己精彩的星星论语课程。

用实效管理落实星星论语课程计划

学校非常重视星星论语课程的执行力，每个课程的开发都要经过以下几个步骤：一是好的建议、设想都要经过教师讨论和专家论证，并由教职工大会审议通过；二是必须要有课程目标、要求和课时安排，并试行一个阶段后，才可正式实施；三是要有比较可行的检测、反馈、调控和激励机制。这样就使星星论语课程科学有序地不断推进。特别是学校加强了课程计划的管理，以课表的方式保证了星星论语课程落实到位。

建立学生星星论语课程档案袋

夫子庙小学学生有一份特别的课程评价，那就是"南京市夫子庙小学星星论语课程档案袋"。在这个档案袋里有报告书，将学生6

年必修和选修的星星论语课程——罗列，认真参加课程学习的学生，报告书上会被盖上特制的印章。学生的亲身体验收获、老师的激励话语、同伴的合作互助、家长的亲情参与，也都能在这本报告书上留下痕迹。而档案袋里最让学生激动的是6年来各式各样的作品：有开笔礼、成童礼、状元礼的证书；12张图文并茂的游学手册；在课程中留下的精彩照片；名人或是手拉手小伙伴赠送的礼物、金灿灿的孔子智慧奖章……星星论语课程档案袋，引导学生自省自励、见贤思齐，使他们通过这种过程性的、多样化的、积极主动的评价走向成功。

基于孔子文化的星星论语课程开发与实施，在理论层面和实际操作层面并没有足够的经验可供借鉴，且作为中国传统文化，在全球化时代里不时遭受到大众文化、多元文化的冲击。如何坚守本民族优秀的传统文化，引导学生学会辨识各种文化的身份与价值，把真正优秀的文化带给他们，学校必须不断地发现教育问题，拿出有效的实践对策。

【点评】

校名和校史是学校文化的宝贵资源。每所学校在其历史的发展进程当中都有丰富的文化积淀，这是一种重要的难以复制的独特资源。忽视传统的做法实际上就是将“文化归零”的低水平行为。夫子庙小学是一所百年名校。这样的校名，这样的校史，注定了学校特色要从中挖掘资源。夫子庙小学以“孔子文化”为依托，建设校本课程，形成办学特色，他们抓到了点子上了。

（二）在反思实践中建构

反思（reflection）是促进校长专业发展，创建学校特色的有效策略和重要途径。何为反思？在哲学史上，洛克（J. Locke）较早探讨了反思现象。他认为反思是获得观念的心灵的反观自照，在这种反观自照中，心灵对自身观念活动做出反身觉察。此后，斯宾诺莎（B. de Spinoza）、康德（I. Kant）和笛卡儿（R. Descartes）都曾提出自己对反思的见解。杜威（J. Dewey）对反思做出了比较系统的阐述。他认为，反思是“对任何信念或假定的知识形式，根据支持它的基础和它趋于达到的进一步结论而进行的积极的、坚持不懈的和仔细的考虑”。综合各种研究，可以认为，对思维的前提进行审视，对思维的各个环节进行批判，对认识所得结果的再思考、再认识，这种不断深入、不断升华的过程就是“反思”。创建学校特色的过程就是不断反思办学实践的过程。每个学校都有自己的优势和劣势。发挥优势，放大亮点，是创建学校特色的一种策略；化解劣势，革除弊端，也是创建学校特色的一种思路。

【案例4-4】

让健康快乐陪伴学生成长①
——沙涌小学跳绳活动教学实践

一、关于开展跳绳活动的思考

千百年来，中华民族儿女素以天下为己任。强身健体，行侠仗义，报效国家，是英雄好汉的共同特征。上世纪初，民主先驱梁启超大声疾呼：“少年智则国智，少年富则国富，少年强则国强。”他深知积贫积弱，是绝对不能担当中华崛起的重任的，没有强健的身体，一切理想都将化为乌有。因此，他十分强调从少年抓起，让他们“智、富、强”起来，然后才有强大的泱泱中华屹立。

新中国成立以后，党的教育方针核心目标就是“使受教育者德、

① 本文资料由沙涌小学麦维根校长提供。

智、体全面发展，成为社会主义建设接班人”。进入新的时代，中共中央、国务院在《关于深化教育改革，全面推行素质教育的决定》中明确指出：“健康体魄是青少年为祖国和人民服务的基本前提，是中华民族旺盛生命力的体现，学校教育要树立健康第一的指导思想，切实加强体育工作，使学生掌握基本的运动技能，养成良好的运动习惯。”教育部新课程改革的培养目标之一，就是要培养“具有健壮体魄和良好的心理素质”接班人。由此可见，“德、智、体全面发展”是学校应致力实现的目标，也是素质教育的根本要义。

然而，当下小学生健康问题却不容乐观，肥胖，视力、肺活量下降等，正困扰这这代人的健康成长。这其中既与学校体育设施缺乏有关，但更多的是与现行的考试制度有关，学校、家长、社会乃至有些地方政府也只是把学教育量等同于考试分数。简单的判断，过于看重分数的习俗，造成学校“唯分数而奋斗”。于是，过重的课业负担代替了学生幸福的生活，教育部提出的第五十次“减负”令，依然无效，正所谓“素质教育喊得轰轰烈烈，应试教育抓得扎扎实实”。在这种背景下，学生缺乏必要的锻炼，身体素质迅速下降，也就在所难免了。

有没有既让学生学习好，又能使学生身体强健的途径与方法？我们一直在思考着。身体好，学习有精力，会促进学习成绩的提高，这是显浅的道理。但担心“花时间锻炼，就会影响学生的学习成绩”，也大有人在。面对这种情况，我们决心用事实说话，让全校学生积极主动地参与体育锻炼，提高学生的身体素质，从而提高学生的学习质量。为此，我们决定在我们学校开展大规模的快乐体育活动。经过查阅大量的资料，分析每项运动的特性后，我们选择了跳绳运动作为我校快乐体育项目。我们的设想是通过全校性的快乐体育，提高学生身体素质，从而提高整体学习质量。

二、选择跳绳运动项目的依据

跳绳运动，是一项对场地要求简单的运动，需要的器材便宜、易找。跳绳的花式繁多，可以单人跳，也可双人跳，还可以群体跳，容易引起学生兴趣，适合所有学生参与（个别特异体质学生除外），因此，这个项目容易普及。

依据有关研究表明，跳绳运动的好处很多，如改善肠胃功能、减少肥胖率、促进孩子生长发育，拓展思维能力、促进思维发展，锻炼集中注意力，培养平衡和节奏感，培养学生的身体协调能力，培养集体观念等。跳绳运动，有很多花样具有极高的艺术性和观赏性，也具有一定的难度，因此，既可作为娱乐项目，又可以作为竞技项目。由此可见，跳绳运动可说是一项全能运动，是其他很多运动项目不能比拟的。

结合我校实际，我校位于经济稍为发达村落，家长的意识还比较开明，这是极有利于我们开展快乐体育运动的前提。我校有空旷运动场地，有广场、运动场，还有体育馆，这是我们开展快乐体育运动的基础条件。我校的师资特长也正好与跳绳有关，体育老师是跳绳的爱好者，校长还是跳绳运动健将，这是我们开展快乐体育的必备条件。我校的办学单位沙涌村委会，一直给予极大的支持，只要是有利于学生发展的，他们都会从人力、物力上给予政策倾斜，这是我们开展快乐体育的基本保障。

正是因为这样，跳绳运动从2005年开始正式落户我校。

三、开展跳绳运动的几点做法

我校在实践中摸索前进，经过几年的不断探索实践，现在我校体育教育方面还是取得了骄人的成绩，特别是在跳绳体育教学领域，更是走在区、市、省乃至全国小学体育工作的前列。

（一）确立目标，让跳绳运动既快乐又有质量

我们的总目标是，让全校学生都积极参与跳绳运动，通过跳绳运动提高师生身体素质，让学生体验成功的快乐。

作为快乐体育项目，我们首先不想让学生背上包袱、尚未开始就先怕，所以，让学生爱上跳绳运动，争取良好的开始，是走进成功殿堂的必要程序。但像所有运动一样，没有正确的姿势和程序，往往不仅达不到锻炼的目的，反而会产生负面效果，伤及身体。

根据这一思考，我们在教学目标上进一步定位，首先让学生爱上这一运动项目。于是，我们搜集了大量有关跳绳方面的资料，有文字资料，也有图片资料、视频资料。我们利用体育课让学生观摩有关跳绳的资料，加上适当的讲解。很快，学生们被奇妙的跳绳花式所吸引，都跃跃欲试。随后，学校邀请了有“中国跳绳第一人”之称的胡平生教授来学校传艺、表演。学生被胡教授精湛绳艺所吸引，便积极主动地提出要加入跳绳队。

作为学校开展的体育运动，我们又不能简单了事，我们还应有更高的要求，应努力促使这个项目变成自己的特色项目。所以，在体育科组，我们提出如下要求：学生必须掌握正确的跳绳姿势；全校每个学生的跳绳水平要达到国家体育跳绳标准“良好”等级以上；每学期要掌握两种以上跳绳花式技术；学校要成立一支高水平的跳绳队；每位老师都要参与跳绳活动。这些要求与总体目标息息相关。

（二）感受好处，让老师和家长支持跳绳活动

我校开始进行跳绳活动训练时，也遇到不少阻力，很多老师、家长担心学生参加跳绳训练会影响学生的学习成绩，出现了明显的不愿意放学生去训练的现象。面对这种情况，我们学校没有下行政

命令，而是提出商量的口吻，“如果跳绳队的同学的学习成绩下降，或被发现不按时完成作业的，可以退出训练队伍。”我们一方面加强思想工作，让参加训练的同学树立勇争潮头意识；一方面严格按照训练程序，循序渐进，让参加训练的同学尽快尝到甜头。

经过两个多月的观察对比，我们发现，跳绳队的同学学习成绩不但没退步，而且很多队员的学生成绩有明显进步。许多队员为了不影响训练时间，他们上课时特别认真，做练习的速度、质量也都提高了。据有些老师们反映，跳绳队的同学学习都很积极主动，学习精力特别旺盛，思维也表现出较以往敏捷。一位家长对我们说，他的小孩每天一小时的跳绳训练，开始挺担心的，但经过一学期，他发现孩子的学习成绩不受影响，孩子的体质有很大的改善。他还要求让他的女儿也进入跳绳队。

家长和老师的心结打开了，我们的快乐体育获得了进一步发展的契机。

（三）磨练意志，让学生获得成功的快乐

研究表明，训练30秒跳绳比赛能很好地磨练一个人的意志，特别是跳到20秒后，会感到手特别酸，双脚好像不受控制，感觉力从从心，要坚持跳下去，必须有顽强的意志。

现在的学生大部分都是独生子女，可以说是集万千宠爱于一身，意志薄弱，怕辛苦，怕挫折，是他们的特点。为了让学生体验获得成功的快乐，开始时，我们有意降低训练要求，只要学生有一点点进步，都及时给予表扬鼓励。同时，我们在训练时，设立课间小比赛形式，在学生中形成你追我赶的氛围。学生初学跳绳时，绳子打在身上的一霎那，皮肤上会出现一道长长的血痕，家长也会为此而心痛。

针对这些情况，学校设法找到一些为了练好跳绳，尽管身上打满血痕，也一点不在乎，从来不掉一滴泪、不喊一句痛的学生，抓住机会大力表扬他们，树立他们的英勇形象。同时，学校认真把思想工作做细，教育学生要追求成功，享受成功的喜悦，就必须付出努力。随着训练的深入，学生开始掌握一些跳绳的技巧，每30秒钟跳的次数多了，尤其是渐渐地在身体素质上也有所发展，学生也有了自己的愉悦感。这时家长们看到子女脸上流露出获得成功后的喜悦，感悟到跳绳确实能磨练孩子的意志，便逐渐认同跳绳是一项非常好的运动，也就积极支持子女参与跳绳运动。

为了学生获得更多的成功喜悦，我们不断创设展示空间，提高学生的技巧水平。从2006年起，学校的跳绳队应邀到香港、厦门、湖南、台山、深圳等地进行交流表演。通过一系列的交流活动，不仅提高了学生的跳绳水平，同时也增强了学生的自信心、积极性，更培养了学生的集体观念、吃苦耐劳的良好品质。广州电视台、四川卫视、湖南卫视、南方电视二台、《中国体育报》、《广州信息时报》、《番禺日报》、《厦门海峡时报》、《厦门晚报》等都曾报道我校开展跳绳活动的情况，并给予了高度评价。

（四）全面普及，让每个学生都会跳、爱跳

随着学生中越来越多的人对跳绳运动感兴趣，我们认为是全面铺开的时候了。于是，在学校行政会议上明确提出，将跳绳运动作为学校的特色项目，把它做大做强，然后渗透到学科学习上。

为了把跳绳运动深入发展，我们提出了一些更具体的要求，如入读我校的每一位新生都要在一个月内掌握正确的跳绳基本动作；学生每天都必须参加跳绳训练；学校自编绳操，早操后进行一分钟跳绳训练；坚持每周进行以花式跳绳为主的大课间活动，同时要求每班各有自己的集体花式及个人花式；体育课，每学期每班安排10

个课时以上的跳绳训练课；每学期进行全校性的跳绳比赛，并对比赛获得好成绩的班级及学生个人进行奖励；在不影响学习的情况下，保障学生训练的时间，如寒暑假、放学后对跳绳队进行专门的训练，培养专业人才；实行以生带生，同进步。这些要求，实际上把跳绳运动定格在校本课程位置上。在这统一的要求下，我校跳绳活动风风火火，迅速地扩大发展。

为了达到所有学生都能较快地学会跳绳，我们发挥了"一帮一"的作用。将在跳绳表演队技能表现优秀的，我们请他（她）当小教练，教班里的其他同学跳绳。如廖梓杰同学是一名小绳迷，他爱跳绳，在他的带动下，全班36位同学都积极参与到跳绳训练中。在他的带动下，同学们都学会了跳双摇，有20位同学还能跳出高难度的花式。在测试当中，他所在的班1分钟跳绳平均次数达155次之多；1分钟超200次的有8人，成绩非常可喜。

目前，我校参与跳绳活动的学生达到了98%，也就是说，除了个别身体素质不适合跳绳运动的之外，全部学生都能跳和爱好跳绳运动了。

四、开展跳绳运动后的一些收获

坚持就是胜利！我校当年提出的"以跳绳促进全面发展，让学生快乐成长"的目的基本达成。具体表现为：

（一）学生的整体运动水平有明显提高，远高出达标要求

上学期，全镇四年级学生体育抽测成绩，我校两个班的达标率为100%，优秀率为70%，比其他学校高出15%。（我校所选的两个项目是跳绳和体前屈）

（二）身体素质明显提高了

身体免疫力增强。普遍家长向我们反映，学生跳绳后，疾病减

少；身高增长得比较快，参加跳绳队的同学身体增高的速度明显加快；体能有明显提高，特别是跑、跳、投掷的成绩有明显提高。

（三）开发了学生的智力

低年级学生，能确立儿童的数字概念，儿童跳绳时自跳自数，有助于他们把抽象的数字与实际事物联系起来，使其初步理解数字的实际涵义与概念；提高了儿童记忆能力，由于儿童在跳绳过程中不断地数数，使其大脑皮层处于兴奋状态，有助于其将抽象记忆转化为形象记忆；促进了儿童心灵手巧，人的机体在运动时会把信息反馈给大脑，从而刺激大脑进行积极思维，儿童跳绳时自跳自数，可以提高大脑的思维灵敏度和判断力，有助于儿童体力、智力和应变能力的协调发展。

（四）非智力因素也得到培养

培养儿童的平衡感和节奏感，跳绳时的动作可谓左右开弓，上下齐动，有助于儿童左脑和右脑平衡、协调地发展，还可以培养儿童的节奏感；学生在跳绳活动中，培养了团结协作精神和集体主义观念。

（五）获得了许多荣誉

六年来，我们多次参加各级各类的比赛活动，均取得了良好成绩。其中，参加“中国移动杯赛”，获得初赛第一名；参加“2006番禺区大课间比赛”获二等奖，自编绳操获一等奖；参加“2007番禺区大课间比赛”获一等奖；参加“首届全国跳绳公开赛”，跳绳一队以8项目的金牌、5项目的银牌和4项目的铜牌获得团体总分第一名，跳绳二队获得团体第五名；2008年1月份花样跳绳队参加广州市少儿欢乐节才艺大赛获得第二名；2008年4月省教厅到我校拍摄了我校开展阳光体育资料，选送参加全国阳光体育交流，并把资料上送教育部；2008年6月代表番禺区参加广州市大课间评比获一等奖；2008年7月，广州市阳光体育现场交流会在我校进行；2008年被国家体育总局社体指导中心选送到香港中文大学参加内地、香港、澳门三地跳绳比赛。

我们知道，成绩的取得有赖于各级领导的关怀和支持，有全体师生的努力，尤其是体育科老师的智慧和汗水。我们也知道，我校的跳绳运动还有很多的地方需要不断深化，如经验的总结，如何渗透到学科教学中等。我们将继续发扬过去的成绩，认真总结，不断深入，真正地把跳绳运动变成自己学校的亮丽名片，成为学校的名副其实的特色。

【点评】

学校特色项目的选择，往往与学校的实际条件有关。跳绳运动，是一项对场地要求简单的运动，需要的器材便宜，容易引起学生兴趣，几乎适合所有学生参与（个别特异体质学生除外），容易普及，而且对于增强学生体质，促进生长发育，有很好的作用。沙涌小学有空旷的运动场地，体育老师是跳绳的爱好者，校长是跳绳运动健将，家长大力支持。沙涌小学选择跳绳作为特色项目，顺天时，晓地利，有人和。

（三）在借鉴经验中创新

创建学校特色不是闭门造车，而是要善于借鉴别人的成功经验，结合学校实际进行创新。马奎特（M. J. Marquardt）博士指出："今天，变化的步伐是如此的迅速，没有哪个组织能够独立完成所有的经营运作，能够掌握所有的好想法。要想成为市场的领导者，组织必须向外看，从外部捕获知识，以期不断创新与改善。"在市场风云变幻莫测的环境里，任何一个组织要想求得生存和发展，都要注意不断学习他人的成功经验。“组织不需要重复别人已经做过的事情，今天流行的做法是要做到‘3A’，即‘拿来、调整、发展’（acquire，adapt and advance）。”一个有效的方法就是“标竿瞄准”（Benchmarking）：瞄准行业内的“最佳实践”，以此为基准诊断组织内部运作，收集最新信息，促进自身持续改进。

【案例4－5】

以文化创特色　以特色求发展①
——民乐小学狮艺武术办学特色解读

随着教育改革的不断深入，素质教育的全面推进，办出学校特色已经成为当前中小学改革与发展的必然趋势。在今天这个教育快速发展的时代，学校竞争的关键是品牌，品牌的核心是特色，特色的保障是文化，文化的源泉是历史。说到底，竞争到最后拼的就是底气，就是人文底蕴，也就是文化。文化其实是一种价值观念，它最终要融入思想和行为之中，并进而形成规范。所以说确立具有独特个性而又切实可行的办学思想很重要。

广东南海西樵镇民乐小学通过开展“寻找黄飞鸿的足迹”课题研究等一系列活动，逐步丰富办学内涵，进而形成了自己的办学特色。

民乐小学是一所农村学校，在创建特色学校的活动中，抓住“黄飞鸿是广东南海西樵岭西禄州村人”这一资源，充分发掘这位富有传奇色彩的民族英雄武艺高强、锄强扶弱的英雄事迹，把握住西樵作为“南狮发源地”的特色资源，确立了自己的办学特色项目——“狮艺武术特色”，通过一系列的教育教学实践活动，努力提升了学

① 黄浩森．以文化创特色，以特色求发展［J］．人民教育．2008（7）：61－62

校的品位，打造出特色品牌。

首先，民乐小学确立了开展这一课题研究的思想理论依据，即以学习黄飞鸿的故事、研习中国武术、训练黄飞鸿狮艺以及素质教育为载体的个性教育思想，努力做到传承民族文化，弘扬民族精神，着力打造五大理念：一是倡导对学生进行以自强不息、爱我中华为主要内容的理想教育，二是以磨练学生意志为主题的励志教育，三是有关健全学生人格的养成教育，四是增强学生体质的武术训练教育，五是提高学生自我塑造能力的可持续发展教育。学校以这五大理念作为自己的特色办学思想，引领各项教育活动的开展。

在五大理念指导下统筹规划、全面系统地开展特色教育。一方面学校努力完善课题研究活动的组织机构，明确分工，围绕课题构建相关的资料库；另一方面组织学生参观黄飞鸿狮艺武术馆，并通过走访村人，查找资料等方式，让学生深入了解黄飞鸿的武德医德及他追随爱国将领刘永福在抗日保台战争中立下战功的英雄事迹；然后利用主题中队会、武术比赛、讲故事比赛以及手抄报比赛等丰富多彩的活动形式，使黄飞鸿的精神深入人心，“寻找黄飞鸿的足迹”成为全体师生自发的共同需要。学校还以此为依据，积极构建以黄飞鸿勇于济世助人的精神为主题的德育网络，使师生有了精神追求的目标，进而形成了良好的校风和学风。

其次，民乐小学自己编排了校园武术操代替传统的广播操，每天坚持训练。在每周的体育课上教授《五步拳》、《南拳》等武术套路，各班还成立了课外兴趣小组，开展武术套路和狮艺训练等活动。学生在这些武术训练活动中磨练了意志、强健了身体、健全了人格。学校以武术为依托，成立了西樵少年武术训练基地，坚持走“以武育德，以武励志，文武结合，全面发展”的道路。

为了让“寻找黄飞鸿的足迹”的活动深入持久地开展，民乐小学进一步深入营造校园文化。以“文武相晖”作为校训，设计了富有个性的红、蓝、绿三色校徽，红色象征太阳朝气，绿色寓意活力生机，蓝色代表沉着稳重；主图案由两个W（文武的拼音开头）重叠加上艺术搭配而组成人体造型，象征着民乐小学以寻找黄飞鸿足迹，强体启智，教学并进，文武相晖的学校特色；而人体造型是武术动作之一，又像雏鹰展翅，代表着充满朝气的学生张开双臂，迎接明天，拥抱未来。独具个性的校徽带给师生们鲜明的视觉享受，时刻激励着全体师生不断进取。

学校还编写了富有个性的校歌：

阵阵拳风惊树鸟，道道剑影寒光闪。

少年武术灿烂之花，盛开在民乐小学的校园。

嘿嗬嘿嗬志冲天，声声豪气出丹田，以武育德，文武结合，踏着黄飞鸿的足迹永远向前。

前进，前进，向前进，做个新世纪的好少年。

前进，前进，向前进，做个新世纪的好少年。

做个好少年。

蹲好马步稳如山，翻个筋斗快如电。

少年武术灿烂之花，盛开在民乐小学的校园。

嘿嗬嘿嗬壮志豪，面对难题敢挑战，以武励志，胸怀祖国，向着德智体美全面发展。

前进，前进，向前进，做个新世纪的好少年。

前进，前进，向前进，做个新世纪的好少年。

做个好少年。

校徽、校训、校歌的确立，为民乐小学师生树立起精神的丰碑。

使得“传承传统武术文化，开启儿童智慧潜能”这一口号也有了坚实的载体，从而更好地达到积淀文化底蕴，濡染童心，美化心灵，提升品质的育人目的。

民乐小学的领导和老师们深刻地认识到，建立了以武术为特色的教育氛围只是创建特色学校的第一步，要形成一种文化，还需要进一步深入研究和探索。于是学校在教师队伍中组织开展练习武术的活动，既增强了教师体质，又起到了榜样的示范作用。在老师的带动下，学生们的练武兴趣更浓了，校园里处处彰显文武相晖气氛。同时，通过开展“亲子同乐，共同习武”的活动，邀请家长来校参加开放教学日活动，争得了家长对“寻找黄飞鸿的足迹”活动的支持；另外，学校聘请了研究黄飞鸿的专家学者、社区及镇区主管教育的领导以及“关工委”的老同志作为校外辅导员，使得特色办学有了坚实的社会基础。学校还积极参与乡土教材《樵山人文》的编写工作，主动承担有关“黄飞鸿狮艺武术”部分的研究和探索，使得“寻找黄飞鸿的足迹”这一特色课题具有更广阔的推广空间。

2005～2007年连续三年的“六一”儿童节前夕，民乐小学都以“才艺荟萃，文武相晖”为主题举办学校特色文化节。全校师生积极出谋划策，整个文化节活动群情激昂、异彩纷呈。每年全镇的体艺节上，民乐小学学生狮艺武术风采展示都引起较大的社会反响。以文化创特色，以特色求发展，以学习黄飞鸿爱国和做人等高尚风格及品质为主题，民乐小学正逐步形成以狮艺武术为办学特色，崇文尚武、文武相晖的办学品牌。

【点评】

民乐小学的办学特色是“狮艺武术”，属于“体育特色”中的“武术特色”。学校特色具有独特性但不是唯一性，其他学校也有

"武术特色"（如太极拳、蔡李佛拳等）。民乐小学充分挖掘了社区独有的办学资源，借鉴了其他学校成功经验，在"寻找黄飞鸿的足迹"过程中，确定了学校创建特色的突破口，坚持走"以武育德，以武励志，文武结合，全面发展"的道路，丰富了学校内涵，提升了学校品位，打造出特色品牌。这就是学校特色的"独特性"（黄飞鸿的狮艺武术）与"普遍性"（全面提高学生素质）相结合的典型。

（四）在验证理想中生成

创建学校特色是一种理想，一种追求，一种态度。学校特色是人们在追寻教育理想的过程中动态生成的。它是源于实践、高于实践、指引实践并且在实践检验中不断发展和完善的。任何"放之四海而皆准"的特色理念，只有结合学校的具体情况加以创造性地运用，才具有生命活力，才能令人信服。

【案例 4-6】

兆基创意书院：香港一所"出格"的中学①

2006 年 9 月，香港兆基创意书院由李兆基基金会和香港政府合资创办。建筑设计出自知名建筑师严迅奇之手。

除了《香港中学文凭考试普通高中阶段》包括的中英数和通识教育外，还有多门创意设计类的课程。全职老师 40 多人，拥有相关教育文凭以及专业上的高学历；另有 20 来名校外艺术家兼职教授艺术类课程。

书院的办学团体为"香港当代文化中心"，李嘉诚、张艾嘉等名

① 资料来源于《南都周刊》以及香港兆基书院网站（http://www.creativehk.edu.hk/）。

人都在校董会和顾问团体之列。龙应台、梁文道等人也曾应邀到校演讲。

唯一的校规由学生提议出台

卡夫卡说过，“没有经过思考的创作，最终可能只是一连串的驯化过程。”六甲班（相当于高三）的林添祥当初知道香港有家创意书院时，便直觉这是实践这句话的最合适之处。

第一天去上学，林添祥便碰到了一件让他至今想起还觉得兴奋的事。

“学校保安居然认出了我衬衫上的卡夫卡像，还拉住我讨论壁画和香港漫画……”

跟林添祥一样，兆基书院的许多学生都是冲着这里“自由”、“艺术”的氛围来的。

这所成立于2006年的高中，是香港第一所提供全面创意教育的直资中学（注：指由香港教育局根据其学额提供若干资助的学校，但其课程、收费及入学要求等均由学校自行决定，所以在课程设置上有着相当大的自由度）。

阿诗是创校第一年进来的学生，她记得，那时很多同学都是看了媒体报道，抱着“试试看”的心态过来的。

因为反感之前所在的传统中学纯粹为了应试而教的内容，阿诗一度产生厌学情绪甚至逃学，在这儿居然渐渐找回了学习的快乐。

“内容太多了，知识多到要让你脑子爆炸。都是原来学校没教的，却是我最想吸收的东西”。

不像他们读过的任何学校，这里的课堂上几乎没什么教辅书，更不用背考点和做模拟试卷，老师完全根据自己的方式来教学。

语文范文找的是报刊文章、经典文学；数学的等差数列可以和手工立体书、透视绘画法结合起来；中国历史可以通过戏剧编排来加深印象；就连体育老师都会联合书法老师一起给他们教武术……

至于那几门兆基独有的创意专业导向课程，更是跟传统教学方式大异其趣。老师全是本地或海外请来的艺术家，包括电影美术指导、建筑设计师等。他们长年驻校执教，学生们因此能随时接触到业界第一手信息。

翻开人手一本的《校园生活手册》，上面看不到任何“禁止”类的字眼，只有“不接受行为”。唯一的校规是：“迟到或无故缺席20次，学生需要离校。”就是这唯一的校规，还是学生们提议出台的。

教师办公室是学生最喜欢去的地方

你也许想象不到，放学后最受学生欢迎的闲逛地之一，居然是学校的教员办公室。

“在我以前读的那所中学，教员室是个禁地。如果要见老师的话，你只能在门外按对讲机，请某某老师出来。而在这里，想进来随时欢迎。你一眼看过去，基本上分不清谁是老师谁是学生。”助理校长刘天明笑着说。他原来在舞蹈团工作，兆基书院刚创办时，他是第一批老师中的一员，“来这所学校时，我抱着一个理想：到底文化艺术能不能改造一个人呢？而我现在每一天都在验证着。”

“你到大多数中学外面看看，挂的横幅上都写着：谁谁拿了什么奖，谁谁考上了名校……但社会需要的并不仅是这些人。也有这样一些人，他们心里装满了对艺术的热爱。要他上中文或数学课也许会非常痛苦，但他却不介意夜以继日地看电影，跟你整个通宵聊设计。”

那这类学生是不是就没法教了呢？在传统学校，答案也许是

"不能"，老师只能拿出各种规则来规范他。但兆基书院不想这样做。这里一个班只有二十多人，老师完全可以有针对性地给他们作出辅导。

"这里没有所谓优生、差生，每个人的个性和能力都相差太大了，而这种独特性也是我们努力让他们保持的。所以你没法用同一种教学方法对待所有学生。当然，这就变成没人告诉你事情应该怎么做，也没人告诉你这个做法好或不好，你得为自己做的一切负责。这非常刺激，也非常累。"教伦理和宗教课的谢国俊老师同样是刚创校时便来的，之前在一所国际学校教音乐。"这所学校非常多元化，但也容易让人误解它是一所'差生学校'，一直到现在都是这样。所以我们也有个使命，就是让人们发现这所另类的学校是能学到东西的，它只是让你用另一种方式去发展而已。"

有趣的是，不论是哪个科目的老师，或多或少都有些文艺上的造诣：历史老师喜欢吹长笛，中文老师是诗人，体育老师书法写得很好，正在修读艺术类硕士……

"我们非常希望招到这样的老师，他们不仅通晓自己所教的那一科，同时也有其他方面的造诣，这样上起课来便可以'跨界'，达到更通达的效果。而且，有这么一个榜样，学生也会有更多的追求。"

但现实总会让他们回归到一个问题：升学考试。这仍然是一所高中，所有的学生最终依然要走向大学、大专院校，他们必然要跟其他经受多年应试训练的学生一起竞争。

每年高考出成绩时，对于老师来说都不啻为一场冲击，让他们重新考虑，接下来的工作应该怎样进行，他们还可以为学生做些什么？"其实我们一直都在寻求一种平衡，如果一个很有天赋的学生有机会上大学，他接触的空间是会更广阔的，这是个很现实的问题，我们有责任帮他解决。”

既要顾及教学的艺术性和趣味，又要培养学生对付传统考试，的确是不容易的。“我们曾专门买回我们考生的试卷来分析，有些学生答题思维非常独特，很有见解，但就因为不合考试大纲要求，得了很低的分数，这是让人很纠结的。”谢国俊老师笑言，他们只能让学生上课用一套，应试时又用另一套思维，有时感觉自己都教得人格分裂了。

“其实我们也仍然在应试教育的折磨下生存，只是尝试打开了一些窗口。窗外到底是怎样？没人知道。但我希望有了这个开放的空间，社会会有一点点的改变。”

办一所没有权威的学校

作为兆基书院的副校监，May（冯美华）的工作可以用“车轮战”来形容：跟学生谈话、与家长面谈、处理大大小小的校务……就没有停歇的时候。

“我们希望创办一所学校，从中学开始就专门为香港发展创意人才，而且是透过艺术去影响学生。比如，我们会通过戏剧去教授历史，通过舞蹈来传授文学，这是一种很 Crossover（跨界）的教学方法。虽然课程密度并不大，但教师们仍然会觉得负担很大。”

“招聘时，除了审核教师资格，我们一定会问，你对文化艺术有没有兴趣？看不看书？看不看表演？但很多老师受传统教育模式影响很深，很看重权威和权力，所以来到这儿后有些幻灭：这里的学生这么不听话，那么自由，怎么教？但熬过第一年后，（愿意留下来的）老师慢慢就理解并接受了我们的价值观。”

创办一所没有“权威”的学校，远没有想象中那么过瘾，老师们每天都面对着各种挑战。

有些人觉得兆基书院的模式就像大学，强调自律和自由，但他们的对象却还不是大学生，这种做法是不是正确呢？给予这个年纪的孩子如此多的自由，意义到底在哪里？这是他们自己也一直在思考的问题。幸运的是，2009年考试，他们有百分之八九十的学生升上了更高等的学校（大学本科、副学士、大专院校等）。“看到他们仍在追寻自己的梦想，我很欣慰。我很希望香港能再多开所这样的学校，给学生们多些选择，才不会那么痛苦和压抑。”在翻看以往学生的Facebook时，May欣喜地发现，有些只读了短短一两年的学生也把“兆基创意书院”加进了自己的母校名单中。

【点评】

兆基创意书院之所以如此“别具一格”，“与众不同”，是源于他们的教育理想。他们的愿景是：创意书院是一间艺术、媒体及设计高中，以艺术、媒体及设计研习为经，以人文学科为纬，为香港的创意文化产业和艺术发展培育年青一代的专业工作者和研究人才。他们的目标是：培养学生的好奇心、想象力、创新思维、社会关怀、自律性和远见。在修读期间，创意书院学生必须有自我纪律，认真地学习，关怀人和事，抱有探究精神，并热衷于应用所学于创作，欣赏和批判事物。

专 题 五

做得如何（How to evaluate）？——学校特色的评价与传播

学校是否办出了特色，需要在事实的基础上进行价值判断，这是一种评价行为。学校办出了特色，需要与公众进行信息的分享与交流活动，这是一种传播行为。学校特色的评价与传播有利于自身行为的诊断、反思、改进和创新。

一、学校特色的评价

教育评价在本质上是一种以事实为基础的价值判断。学校特色评价是根据社会发展对学校教育的要求，对学校创建特色活动及其相关因素进行描述并作出价值判断的教育管理过程，① 对于学校特色建设活动具有诊断、规范、导向、激励的功能。

---

① 胡永新．学校特色评价的基本属性、功能与评价内容［J］．教育评论．2003（1）：20－23

（一）学校特色评价的价值取向

评价具有“指挥棒”的功能。怎么评价？评价什么？直接影响着学校特色建设的发展方向和行动策略。因此，在实施学校特色评价的过程中，要注意以下几个方面的问题。

1. 促进学校主动发展

学校特色不是“赐封”的，不是“钦定”的，也不是任凭某人“塑造”出来的，它是依据社会发展对人才需求的多样性和各校教育资源配置的差异性，以及学校办学自主选择的创造性，经过学校师生长期自觉努力建设所形成的独特的办学风貌或教育风格。所以，学校特色的评价过程必然是学校师生员工自我教育、自我提高、自我完善的过程。在学校特色评价过程中，要尊重师生员工的首创精神。“春江水暖鸭先知。”处于办学第一线的学校领导和广大师生，对于教育改革气息的敏感，是其他人所难以比拟的。他们对于自己学校的历史、现实和未来，对于自己学校优势和劣势的认识，比其他任何人都更准确、更透彻。所有这些事实和道理都告诉我们：应当相信和尊重学校领导者及广大师生的创造精神。

2. 促进学校优质发展

学校创建特色的过程，本质上就是学校优化发展的过程。从学校特色到特色学校，从突破一点到优化全局，从特色项目到特色文化，在这个过程中，不断优化学校教育资源配置，创设有自己学校个性特征的教育文化环境和氛围，以便更充分地发挥出学校教育的育人功能。所以，在学校特色评价过程中，要注意发挥评价的指导和激励功能，善于捕捉学校的闪光点，协助学校制订切实可行的发展规划，促进学校特色不断创新和深化。

3. **促进学校持续发展**

学校创建特色的过程是一个持续发展的过程。一所学校，尤其是一所薄弱学校，从薄弱到合格，从合格到有特色，再从特色走向优质的过程，是一个极其艰辛的发展过程。学校特色评价，要体现这种发展战略、价值观念的演进过程，要表述这种持续性特征。办学历史有长有短，办学水平有高有低，不同学校的不同特征，学校特色评价要体现这些特征，促进学校沿着“合格→特色→优质”的路径持续发展，实现“规范管理→个性发现→文化认同”的持续跨越。①

（二）学校特色评价的结构分析

学校特色评价的着重点应该是“特色”。但是，任何“特色”都有其特定的生长环境。因此，学校特色评价可以分为两个方面进行，一是“基础评价”，二是“特色评价”。这两个方面是相互依存、相互促进的。

学校特色的生长基础，可以从四个方面进行结构分析：②

1. **以独特鲜明的理念为灵魂**

我们知道，艺术上的任何流派或风格的根本区别，都在于各自都有自己的独特的思想灵魂。学校间的不同特色也是如此。独到的教育思想是学校特色的灵魂。独特的办学思想是学校特色形成和发展永不枯竭的源泉。有些学校标榜自己办有特色，而且给你列举了很多的事例，但只是事例的列举和堆砌而已，缺乏“一条红线”（办学的思想理念，即创建特色的理论依据）贯穿始终。苏霍姆林斯

① 龚春燕，熊德雅，胡方．中小学特色学校评价的思考［J］．人民教育．2009（3－4）：32－36

② 孙孔懿．学校特色论［M］．北京：人民教育出版社．1998：49－63

基认为：校长对学校的领导首先应是教育思想的领导。他耗费了大量的心血，努力使全体成员——从校长到看门工人——具备统一的先进的教育思想，对教师的不符合这种教育思想的言行，哪怕是“一句话，甚至一丝微笑或一瞥发怒的眼神而跟他进行一个钟头、两个钟头、三个钟头的谈话”，[①] 从而逐步形成了一个志同道合的坚强有力的教育集体。他在帕夫雷什中学成功地实践了他的教育思想，为后世广为称颂。

2. 以科学完善的常规为基础

学校管理常规，就是把学校管理的基本规律和基本要求，以教育法规、条例、规程、规定等形式稳定下来的章法；以及在学校教育工作中长期形成的符合教育规律、行之有效、相对稳定的规章制度、工作规范和传统风气。简言之，它是一所学校在长期的教育实践过程中形成、积累下来并行之有效和相对稳定的一整套规范、章程和制度等的总称。科学完善的管理常规是办好一所学校，形成独特文化和风格的基础。很多办有特色的名校的实践证明：正是一套严格的规章制度，形成了学校的文化特质，进而办出了特色。因为只有学校的各项工作已经形成了严格的稳定的常规，学校程序已经走上正轨，学校特色才能获得一个坚实可靠的立足点和生长点。

3. 以稳定优良的校风为标识

校风是一所学校的风格，因而也是一所学校的标识。从社会心理学的角度看，校风就是学校的社会心理环境，是对全体师生员工的心理发挥实际影响的整个生活环境，包括自然环境和社会环境。积极的校风可分为两种水平：一种是广义的即一般意义上的良好校

① 苏霍姆林斯基．帕夫雷什中学［M］．北京：教育科学出版社．1983：33

风，例如“勤奋好学之风”、“文明礼貌之风”、“团结友爱之风”等，这是所有学校都应该也能够具备的良好校风；第二种是狭义的即严格意义上的校风，即一所学校区别其他学校的独特之风，它是一种个性化了的理想心理环境，它在很大程度上体现了一所学校管理的个性，如延安“抗大”的“三八作风”，清华大学的“严谨认真”之风，北京大学的“民主进步”之风。所以，“严格意义上的校风，应该是指某一所学校区别于其他学校的独特之风，或者说，是一所学校的许多优良风气之中，最为突出而且有率领意义的某种作风。这种作风代表了该校的特色。”①

4. **以学生素质的特征为归宿**

名师出高徒。从另一个角度讲，只有有了高徒，才能够证明你是名师。同样的道理，一所办有特色的学校，其学生的素质应该具有相应的个性特征。20 世纪五十年代担任过上海市市东中学校长的老教育家吕型伟曾经说过：“凡是在市东中学受过教育的人，不论他们离开学校后从事什么工作，能力有大小，地位有高低，成就也各有不同，但大都能够勤奋工作，忠于职守，不尚虚名，专务实事，这是非常可贵的，无以名之，可以称之为‘市东风格’或‘市东精神’。”② 解放前，广州市有三所私立名校：真光中学、岭南中学、培正中学。当时民间流传的口头禅是：“真光猪，岭南牛，培正‘马骝头’”。真光中学是女校，这里的“真光猪”实际上暗指学生“珠光宝气”，也是与后面的“牛”和“马骝”相一致。“岭南牛”意思是岭南中学的学生体育特别厉害，身体素质好，健壮得像头牛。“马

---

① 张燮，陈安福，李光路．学校管理心理学［M］．昆明：云南人民出版社．1984．300－301

② 魏一樵．中国名校（中学卷）［M］．沈阳：辽宁大学出版社．1992：200

骝”是广州方言，意指“猴子”，意思是培正中学的学生非常开朗活泼。学校是通过培养学生为社会服务的，学生不仅是这种服务的直接“消费者”和“评判者”，更是这种服务质量高低的“承载者”和“体现者”，是在这种服务中“不断发展和成长”的。从这个意义上说，学生（包括在校学生和历届校友）是学校创建特色是否成功最生动、最直接的体现，学校创建特色的最终检验是对人才培养质量的检验。

（三）学校特色评价的事实判断

学校特色项目的评价，可以从四个方面进行事实判断：

1. 特色项目的内涵阐释

学校特色项目的表述要严谨、准确，内涵和外延界定清晰，办学主题思想与中小学教育的功能、范畴相吻合。

2. 特色项目的设计依据

学校特色项目的理论依据：

（1）学校特色设计依据何种理论？

（2）这一理论的基本思想是什么？

（3）这一理论的历史源流、现实地位和发展趋势如何？

（4）本校创建这一特色，可能对这一理论做出何种贡献（验证、丰富、补充或发展）？

学校特色项目的现实依据：

（1）宏观环境分析，把握时代背景：本校创建这一特色是否顺应了时代的潮流？应答了教育改革的要求？

（2）中观环境分析，认清社区情况：本校创建这一特色是否考虑了本地的政治、经济以及文化的发展需求？

（3）微观环境分析，摸清学校家底：本校创建这一特色是否符合学校的实际情况（优势与劣势、机遇与挑战）？

3. **特色活动的工作方案**

特色活动的工作方案的主要内容包括：

（1）指导思想是否明确？在工作方案中是否体现了特色设计的理论依据和现实依据？如何体现学校特色建设与学校全局工作的关系？形成该特色对学生身心素质的全面发展有无消极影响？设计了哪些措施防止或限制这一消极影响？

（2）目标任务是否清晰？方案内容的结构是否完善？长期、中期、与近期方案之间的联系与衔接情况如何？如何安排检查、小结和反馈等环节？任务安排是否具体？有没有必要的数量指标和时间限定？

（3）保证措施是否得力？有没有相应的组织机构、专责人员、规章制度、优惠政策来保证特色项目的落实？

4. **特色活动的操作过程**

特色活动的操作过程主要内容包括：

（1）如何统一思想认识？如何组织发动的？校内外群众对学校特色目标和重大措施的了解情况如何？热情如何？信心如何？方案的制订经过了哪些具体的程序（特别是如何发动师生讨论、聘请专家论证等）？办学特色的基本理念和工作思路是否为广大师生员工所接受（可通过问卷和座谈来了解）？

（2）如何培养师资队伍？采取什么措施加强师资队伍建设？有没有具体的教师培养规划和活动？

（3）如何配置设施设备？采取什么措施配置特色项目所需要的设施设备？

（4）如何加强教育科研？是否有围绕特色项目进行的专题研究？

有没有相应的科研项目？进展如何？有没有阶段成果？

5. **特色活动的成果显示**

特色活动的成果显示主要内容包括：

（1）办学思想方面：办学思想有没有得到升华？

（2）校风校纪方面：在学校特色形成过程中，有没有形成相应的独特校风？有没有形成一种独特的能够促进学校特色的文化氛围？

（3）学生个性方面：在学校特色形成过程中，学生（多数学生还是少数学生）有没有形成相应的个性特征？培养起相应的兴趣爱好？掌握相关的技能技巧？

（4）预期成果方面：所取得的成果与设计方案相比，哪些是预期的？哪些是非预期的？尚有哪些预期成果未曾获得或未曾完全获得？各自的原因何在？对实践中的新认识是否进行了论证和进一步检验？其总结的文字材料在哪一级报刊或哪一级交流会上发表？

（5）社会影响方面：教师、学生、家长、社会群众对学校特色的评价如何？学校特色受到社会或主管部门何种形式的肯定、表彰和奖励？

【案例5－1】

普陀区特色学校评估标准（讨论稿）[①]

A级指标	B级指标	C级指标
A1 办学思想	B1 办学理念	C1 学校有先进的办学理念、明确的办学目标、清晰的办学思路和科学的办学策略，牢固树立"特色立校"观念
	B2 校长思想	C2 校长注重学习，牢牢把握现代教育发展方向，逐步形成独特鲜明的办学理念、正确的教育价值观和育人观

① 资料来源：http：//sjmyc. ptc. gov. cn/

（续表）

A 级指标	B 级指标	C 级指标
	B3 教师观念	C3 学校以特色建设为指向，对师资队伍建设提出了明确的要求
		C4 学校着力建设学习型组织，引导教师确立与特色建设相适应的教育理念
A2 特色规划	B4 特色内容	C5 选定的特色建设项目从自身传统优势出发，充分考虑周边自然人文资源等各种因素，具有鲜明的个性
		C6 选定的特色建设项目适宜于绝大多数师生参与，具有一定的普遍性
		C7 选定的特色建设项目着眼于促进学生的全面发展，培养学生终身受益的素质，具有较强的针对性
		C8 选定的特色建设项目能提炼出某种教育思想或精神特质，并能促进学校的整体发展，具有一定的综合性
	B5 目标设计	C9 学校制订切实可行的特色建设实施方案，并逐年落实特色建设工作计划
		C10 有清晰、合理的特色建设近期、中期、远期目标，并积极分阶段组织实施
A3 实施过程	B6 管理机制	C11 切实加强对特色建设工作的组织领导，将特色建设工作列入重要议事日程
		C12 特色建设工作分解到学校各部门，建立并落实推进特色建设的激励、保障机制
	B7 运作过程	C13 把特色建设作为实施素质教育的重要内容，辐射到学校的各个领域，渗透于教育教学的各个环节
		C14 能按照业已制定的特色建设目标和规划，全面系统、积极扎实地开展特色建设
		C15 学校特色建设与课程改革紧密结合，积极开发关于特色教育的校本课程，充分利用相关的课程资源

（续表）

A级指标	B级指标	C级指标
A3 实施过程	B8 普及程度	C16 学校特色建设工作得到师生的普遍认同，知晓率高，参与面广，主动性强
	B9 教育科研	C17 将特色建设列为学校教育教学科研的重要内容，结合实际确定特色建设研究课题
		C18 课题实施规范扎实，能结合教育实践解决实际问题，并逐渐摸索出行之有效的经验和做法。体现特色教育的课题成果在市级以上获奖或发表
	B10 学校文化	C19 学校围绕特色建设目标，创设校园环境，开展内容丰富、形式多样的校园文化活动，初步形成独特鲜明的、与特色相匹配的校园文化
A4 建设成效	B11 学生发展	C20 学校特色建设促进了学生素质的全面发展，大批学生潜能得到开发，培养出体现学校办学特色的兴趣爱好和相应的能力
		C21 一批学生（20%以上）开始显露自己的个性特长，个性特长得到明显发展
	B12 教师发展	C22 学校特色建设推动了教师专业发展，逐步形成一个有一定个性特长的教师群体。部分教师特色教育方面在市内外有一定的知名度
	B13 学校发展	C23 学校特色建设提升了学校办学水平，推动了素质教育的深入开展，形成了独特的“校风、教风、学风”
	B14 社会评价	C24 学校特色建设成效被学生家长、社会认可，被各种社会媒体进行宣传报道
		C25 学校特色建设成果得到上级部门的肯定和表彰，工作经验和做法在市内外交流和推广，在市内外已拥有一定的知名度

【点评】

《普陀区特色学校评估标准（讨论稿）》强调特色学校建设的四个方面：办学思想、特色规划、实施过程和建设成效，结构合理，层次清晰，价值取向明确，指标分解科学，理论研究与实践经验结合好，值得借鉴。

二、学校特色的传播

“传播”一词译自英文“Communication”。实际上，这个词还可以译为“交流”、“交往”、“联络”、“沟通”等涵义。凡是人类传递、接受、交流、分享信息的过程，都可以称之为传播。

（一）学校特色传播的涵义与要素

传播是人与人之间传递和分享信息以达到彼此沟通、相互影响的过程，它包含了以下几个方面的涵义：第一，传播是发生在人与人之间的一种社会性行为，它产生于一定的社会关系，又是一定社会关系的体现。传播双方所传播的信息内容、所采用的表述信息内容的方式、措辞等，都反映着双方各自的社会角色和社会地位。社会关系是人类传播中的一个本质属性，通过传播，人们才能保持既有的社会关系并建立起新的社会关系。第二，传播是一种有目的、有意图的信息共享行为，通过传播把一个人或少数人所独有的信息化为两个人或更多人所共有的信息，其目的在于相互影响、建立共识、调节行为态度等。第三，传播过程是一个双向循环的过程，传播不是一方影响和控制另一方的活动，而是双方交流、协商、相互影响的活动，是一种双向的社会互动行为。

学校特色传播作为一个活动过程，它包含哪些基本要素呢？有关的研究表明：一个基本的传播过程，往往包含以下几个基本要素：

（1）传播者。又称信源，指的是传播行为的引发者，即以发出讯息的方式主动作用于他人的人。

（2）受传者。又称信宿，即讯息的接受者和反应者，传播者的作用对象。

（3）讯息。讯息指的是由一组相互关联的有意义符号组成，能够表达某种完整意义的信息。讯息是传播者和受传者之间社会互动的介质，通过信息，两者之间发生意义的交换，达到互动的目的。

（4）媒介。又称传播渠道、信道、手段或工具。媒介是讯息的搬运者，也是将传播过程中的各种因素相互连接起来的纽带。现实生活中的媒介是多种多样的，邮政系统、电话系统、大众传播系统、互联网络系统，都是现代人常用的媒介。

（5）反馈。指受传者对接收到的讯息的反应或回应，也是受传者对传播者的反作用。获得反馈讯息是传播者的意图和目的，发出反馈讯息是受传者能动性的体现。

（二）学校特色传播的过程与模式

美国著名的传播学者哈罗德·拉斯威尔（Lasswell H. D.），1948年发表了被誉为传播学经典的论文《传播在社会中的结构与功能》，在这篇论文中，他提出了关于传播过程的著名的“五W模式”：Who，says what，in which channel，to whom，with what effects. 人们把这种传播过程的模式称之为“直线模式”，用图来表示即：

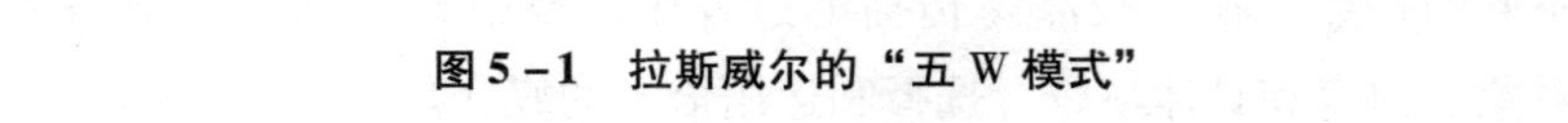

图5－1　拉斯威尔的“五W模式”

拉斯威尔的“五 W 模式”，不仅分析了传播活动的五项要素，而且提出了传播研究的五大领域：

（1）谁传播（Who），控制分析（control analysis），研究传播主体，也就是研究“谁传播”的问题，即信息的来源和制作者等。

（2）传播什么（Says What），内容分析（content analysis），也就是研究“传播内容”的问题，即信息内容的制作方式等。

（3）如何传播（In Which Channel），媒介分析（media analysis），也就是研究“传播媒介”的问题，即媒介的类型、功能、特点等。

（4）对谁传播（To Whom），受众分析（audience analysis），也就是研究“传播对象”的问题，即公众的类型与特点等。

（5）传播效果如何（With What Effects），效果分析（effect analysis），也就是研究“传播效果”的问题，即传播主体与传播对象的双向沟通交流的成效等。

（三）学校特色传播的媒介与途径

媒介（media）是传播学的核心概念之一，概括起来讲，它大致有两个方面的涵义：“第一，它指信息传递的载体、渠道、中介物、工具或技术手段；第二，它指从事信息采集、加工制作和传播的社会组织，即传媒机构。”这两种涵义指示的对象和领域是不同的。基于本书的主旨，我们取第一个方面的涵义。

从媒介演化发展的历史来看，媒介是从口传媒介（语言）、书写媒介（文字）、印刷媒介（包括书籍、报纸、杂志等）逐步发展到电子媒介（包括广播、电影、电视、网络等）的。不同的媒介具有不同的特点，在学校品牌传播的过程中，要根据不同的传播目的、对象、内容和具体场景，选择和运用恰当的媒介。

1. 大众传播媒介的选择与运用

大众传播是人类社会发展到一定阶段的产物。大众传播是指“特定的社会集团通过文字、电波、电影等大众传播媒介，以图像、符号等形式，向不特定的多数人表达和传递信息的过程”，是一种典型的“点对面”的传播方式。大众传播媒介可以分为印刷类和电子类。

（1）印刷类大众传播媒介的选择与运用。

印刷类的大众传播媒介主要是指以文字、图片形式将信息印刷在纸张上进行传播的书籍、报纸和杂志等。

第一，书籍。

书籍在现代社会的大众传播媒介中是一种非新闻传播媒介，它的形式已从印刷媒介扩展到电子媒介，但仍以印刷媒介为其主要形式。作为语言文字、图像标识及意义符号的载体，它的传播作用主要表现为三方面：传播思想、普及知识和积累文化。

书籍作为一种非新闻传播媒介，它具有专门性、深入性、系统性等特点。由于它的篇幅比较长，信息含量大，所以能够对要传播的内容进行全面、深入、系统的加工制作，给人一种专业感和权威感，具有收藏和保存价值，在这些方面，它明显优于报纸和杂志。

由于书籍具有专业权威和系统全面的特点，因而它特别适合用于学校特色传播。学校教育不同于娱乐新闻和产品营销，人的培养不可以出次品而推倒重来，它需要专业引领和权威论证，因而书籍是学校特色传播中的重要媒介。有些学校正是因为一本或几本书的出版而使得学校特色形象蜚声海内外。

第二，报纸和杂志。

在传播信息时，报纸、杂志可以充分地处理信息资料。报纸、杂志在版面、时间等方面的限制没有广播、电视那样多，可以用增版、增页、增刊等方式，用连载、专访等形式，提高信息量或连续性，增加报道的广度和深度。在接收信息时，读者有充分的选择余地。报纸、杂志不像广播、电视那样受既定的时间顺序和空间位置的限制。报纸、杂志随时可读，随地可看，读者可以按自己的需要掌握阅读的顺序、速度和方式，有比较自由、主动的选择权。

但是，报纸、杂志在传播信息时不如广播、电视那样迅速和及时。由于出版周期和发行环节的制约，报纸、杂志不可能像广播、电视那样迅速及时地报道信息，更无法做到“现场直播”。另外，报纸、杂志不如广播、电视那么形象、生动、直观和口语化，所以，它容易受读者文化水平和理解能力的限制。

在资讯发达的今天，报纸、杂志种类繁多，触手可及，它们是学校传播特色形象的重要载体。一些知名的品牌学校在成长的过程中，报纸、杂志起到了非常重要的作用。

(2) 电子类大众传播媒介的选择与运用。

电子类的大众传播媒介主要是指以电波的形式传播声音、文字、图像，运用专门的电器设备来发送和接收信息的广播、电视、电影和网络等。

第一，广播和电视。

广播传播速度快，覆盖范围广，制作成本低，且不受时间和空间的限制。广播通过口语、音响传送信息，比较生动，有现场感，说服力和感染力较强，听众不受文化程度的限制，社会适应面广。广播的传播方式灵活，收听状态无独占性，不受时间空间的严格限制，听众可以一边收听一边工作，不会限制听众的行动自由。广播节目的制作成本低廉，接收广播信息的设备简单（收音机）。但是，广播也有其缺点：首先，传播信息受时间和节目顺序的限制，听众无法根据自己的需要灵活选择，只能被动地接收既定的节目；第二，广播的效果稍纵即逝，难以把握，收听时稍不留意，便无法追寻；第三，没有文字和图像，有些类型的信息接收效果不及印刷媒介和电视。

电视传播综合了文字、声音、图像、色彩，综合了人的听觉和视觉效果，集各种艺术手段于一体，真实、生动、富有现场感。电视传播不受观众文化程度的严格限制，老幼咸宜，雅俗共赏，最容易引起观众的兴趣。电视的信息传播速度非常迅速，在时间上具有同时性，在空间上具有同位性（如，现场采访、直播等），观众极易受到感染，引起共鸣，信息的可信程度高，权威性强。但是，电视传播也有其缺点：首先，和广播一样，电视受时间和节目顺序的限制，观众无法改变收视的时间、顺序和速度，只能完全隶属于事先排定的时间和节目，比较被动，而且受到场地、设备等客观因素的限制，无法像报纸、杂志、广播那样具有较大的随意性和选择权；第二，和广播一样，电视的效果亦是稍纵即逝，对于普通的民众来说，难以追寻和保存其资料；第三，电视节目的制作、播放和收视，均需要比较昂贵的专用设备，成本比较高。

第二，互联网络。

托马斯·弗里德曼（Thomas L. Friedman）认为：世界已经变得平坦了。在全球化从“1.0 版本”发展到“3.0 版本”的过程中，个人成为了主角。肤色或东西方的文化差异不再是合作或竞争的障碍。软件的不断创新，网络的快速普及，让世界各地的人们可以通过因特网轻松实现自己的社会分工。世界从“小号”缩为“极小号”。

世界是平的，意味着这个世界就是我们展现才华的一个平台。“壁垒”倒了，“平台”建立起来了，不管你身在何处，不管你职位的高低，如果你“在线”，你就可以尽情地表达自己！

在这个“平坦的世界”中，“上传”（通过 BBS、blog、MSN 等途径）使得所有的人都可以成为信息和知识的提供者。几十亿的人从一个浏览者、旁观者、吸收者，瞬间都变成了贡献者、投入者。“上传”机制的存在，使得很多的制度、等级、限制变得脆弱不堪。互联网就是一个“小人物”时代，并不是行政级别高才能够发号施令，一个 BBS 的讨论，一个博客上的帖子都可能改变一切。没有准备的人，是很容易被“淹死”的。

“Google”和“Baidu”（百度）几乎变成了一个名词！如果你想了解某所学校、某位校长，想了解天气情况、航班时刻……“Google”或“Baidu”一下就行了。如果通过“Google”或“Baidu”都搜索不到一所学校的任何信息，那么，我们很难说这所学校能够称之为知名的品牌。

互联网的出现为传播带来了一种崭新的媒介和模式。网络传播是指以互联网为平台、以网络服务的提供者和使用者为主体展开的传播活动。与传统的传播媒介相比，网络媒介具有其自身的特点：

第一，信息的传播者与受众之间的严格区分被打破。首先，传播者与受众的角色互相渗透。传播者同时也是受众，受众同时也是传播者，不存在一方是绝对意义上的单一信息传播者或单一信息接收者。其次，传播者与受众之间存在互动，这种互动既包括信息的传递也包括意见的影响，而且互动的频度、实时性均达到前所未有的程度。再次，受众可自由选择传播者作为信息来源。网络媒体传播者种类繁多，数量庞大，它所提供给受众的选择空间远远突破了三大传统媒体（报刊、广播、电视）的版面、频道限制，使得受众的选择几乎是绝对自由的。

第二，传播方式的多样化。这里也包括两个层次的涵义：从技术层面上看，网络传播实现了多媒体化，文字、图形、音频、视频均已得到大范围应用，网络媒体对传统媒体的融合已经基本不存在技术障碍。从传播学理论层面上看，网络传播不再是单一的大众传播工具，而是同时实现了人际传播、组织传播和群体传播的功能，虽然这种传播带有虚拟的色彩，但在实质上达到了同样的效果。

此外，网络媒介还具有其他特点：数字化、大容量、个性化、全球化、时效性、开放性、易检性、联想性等。

（3）其他传播媒介的选择与运用。

学校品牌的传播推广除了必需运用大众传播媒介之外，还要根据具体的传播内容、既定目标、受众群体的不同而选择和运用其他的传播媒介。

第一，小众化媒介。

小众化媒介主要是指专门针对较小的特定群体，并且受众有较多的选择权的“窄播”系统，如：有线电视，根据公众的需要开设十几个乃至几十个频道，如：新闻频道、教育频道、体育频道、音乐频道等，由观众根据自己的兴趣自由选择。小众化媒介是将传播系统的部分控制权由信息制造者转移至信息消费者，使后者接收信息的自主权提高了，而每一频道的目标公众非常专门化，受众范围比较限定和明确。

第二，个人传播工具。

科学技术的发展使个人传播工具获得了广泛的开发与运用，除了传统的信函、电话、传真、电报和卡片外，新型的个人传播工具，如：短信、邮件、QQ、博客、播客等越来越受到人们的喜爱。

传统的信函、传真和卡片人们用得越来越少了，即使是电话、电报也“变脸”了，电话由“只闻其声，未见其人”变为“面对面”的交流，视频电话使人们之间的距离由“天涯”变为“咫尺”。电报也不仅仅传送文字信息，还可以作为一种表达礼仪礼节的媒介，如：鲜花电报、礼品电报等。

短信、邮件、QQ、博客、播客成为人们每天使用最为频繁的个人传播工具。短信已经成为人们日常工作、生活、学习中不可缺少的一种交流工具，发送通知、表达见解、彼此问候、致谢致歉、参与投票等，都可以用短信进行。各种短信漫天飞舞，身边环绕着永不消逝的电波。通过电子邮件传送文件，方便、快捷和安全；通过QQ交流，及时、互动和私密性都非常好；至于刚刚兴起的博客，则更是备受追捧，据统计“国内的博客已达3 600万之众，并且仍以每分钟数10个新博客的速度在递增”。很多的教育官员、专家学者、一线校长、大中小学的教师、学生甚至班级集体都纷纷建立了自己的博客，真名也好，匿名也罢，一齐粉墨登场，发表见解，交流问题，热闹非凡。

第三，印刷类媒介。

除了利用大众印刷类传播媒介外，学校还要善于利用自己制作的印刷类传播媒介。如，学校自己编辑制作的书籍、杂志、报纸、专题小册子等，这些非正式出版印刷宣传品，免费赠送给相关公众，可以起到特定沟通交流作用。又如，学校的通知、通报、请示、报告、介绍信、请柬、贺信（贺电）、倡议书等，这些常用公文，都承载着一定的学校形象信息，也是学校品牌不可或缺的传播媒介。

第四，电子类媒介。

除了利用大众电子类传播媒介外，学校还要善于利用自己制作的电子类传播媒介，如：校园广播、闭路电视、校园网、录音带、录像带、CD、VCD、校歌、课间铃声等。在各种各样的教学活动和人员往来过程中，学校要准备好照相机、摄像机、录音笔，准备好笔墨纸砚和嘉宾签名簿，留下精彩瞬间，保存、整理和使用好各种资料，通过声音、影像、图片以及知名人士的题词等媒介来传播学校品牌形象。

【案例 5 -2】

Do good，tell them

帕夫雷什中学是一所普通的乡村中学，但却被誉为“世界教育圣地”，蜚声海内外，靠的是什么？不是别的，而是苏霍姆林斯基开创性的工作和他一系列的教育著作。苏霍姆林斯基在帕夫雷什中学的 33 年岁月中，其中担任校长 26 年。他每天起早摸黑地工作，白天从事教学和行政工作，晚上进行科研。他以帕夫雷什中学为实验基地，同时也广泛研究其他学校的经验，孜孜不倦地钻研教育理论，从理论与实践的结合上研究教育的新问题，提出自己的新观点并作出新的理论概括。他一生撰写了 41 部专著、600 多篇论文、1000 多篇供儿童阅读的童话和短篇小说。他的作品被译成三十多种文字，在世界各国发行。他的重要著作，如：《帕夫雷什中学》、《把整个心灵献给孩子》、《公民的诞生》、《和青年校长的谈话》以及《给教师的 100 条建议》等，大都已译成中文，受到我国广大教育工作者的赞许。他的著作生动地反映出学校教育的真实情况，是对学校工作的高度艺术概括、提高和再现，因此被称为“活的教育学”、“学校生活的百科全书”。

江苏泰兴市洋思中学创建于1980年，从一所条件简陋的初中校，经过20多年的艰苦奋斗，成为在全省乃至全国都有很大影响的学校。学校先后荣获“江苏省模范学校”、“江苏省现代化示范初中”等荣誉称号。学校创立了“先学后教，当堂训练”的课堂教学模式，课堂上教师讲课时间仅仅几分钟，课堂教学的过程成为学生在教师引导下自学的过程，从而有效地实施了素质教育，减轻了学生过重的课业负担。学校确立了“没有教不好的学生，让每一位家长满意”的教育观念，坚持从初一年级开始，从最后一名差生开始，狠抓每个学生全面发展，做到堂堂清、日日清、周周清。《中国教育报》、《人民教育》、《基础教育改革动态》（内参）、《江苏教育》等期刊对此都作过长篇报道，《教育研究》等权威期刊也多次发表总结该校经验的论文，到学校参观考察的专家学者、一线校长以及编辑记者也纷纷在各类报纸和杂志上撰文点评该校。每天到学校参观考察、学习观摩的人络绎不绝，“洋思现象”引起广泛关注。

深圳市卓雅小学创办于2002年。立校之初，学校就“以经典文化塑造儿童的民族精神”并把它作为一项系统工程来抓。他们抓出了成绩，办出了特色，赢得了社会的普遍赞誉。中央电视台“社会记录”栏目组专程来到学校进行深入、全面地采访，以“国学与少年”为题，制作了一个20分钟的节目，从2004年6月30日起，多次在中央电视台播出。节目中有卓雅小学首届艺术节中古诗连唱“春眠不觉晓，处处闻啼鸟……”的影像；有学校文化早餐诵读“人之初，性本善……”的场景；有对知名人士（台湾青少年读经运动的发起者、台中师范大学的王财贵教授，国学启蒙和经典诵读倡导者、中华孔子学会的副会长郭齐家先生，认为圣人要读但要“会读而不要跪读”的前《瞭望》杂志的副主编陈四益先生等）的采访，也有对校长、教师、家长和学生的采访；有赵朴初、冰心、曹禺等九位政协委员联合提出的提案，也有中宣部、教育部的文件；有学校的校本教材，也有学校的活动照片；主持人阿丘诙谐而又深刻的点评，与各种画面和场景结合在一起，把学校“追求卓越，崇尚高雅”的教育理想和追求演绎得淋漓尽致。

【点评】

这三所学校都是特色名校。他们之所以广受赞誉，首先是因为他们“做得好”，即“do good”。然而，仅仅是“做得好”还不够，还需要“说得好”，即“tell them”，告诉大家，传播出去。传播媒介有印刷类也有电子类的，苏霍姆林斯基阐述自己办学思想和实践的系列著作，报道洋思中学教学改革的报刊文章，解析卓雅小学办学特色的电视专题片等，都提高了学校的知名度和美誉度。